Richard C. Schneider

DIE SACHE
MIT ISRAEL

Richard C. Schneider

DIE SACHE MIT ISRAEL

Fünf Fragen zu einem
komplizierten Land

Deutsche Verlags-Anstalt

Einige wenige Textpassagen dieses Buchs finden sich auch in Richard C. Schneider, *Alltag im Ausnahmezustand* (DVA, München 2018).

Penguin Random House Verlagsgruppe FSC® N001967

4. Auflage
Copyright © 2023 by Deutsche Verlags-Anstalt, München
in der Penguin Random House Verlagsgruppe GmbH,
Neumarkter Straße 28, 81673 München,
und SPIEGEL-Verlag Rudolf Augstein GmbH & Co. KG,
Ericusspitze 1, 20457 Hamburg
Umschlaggestaltung: Büro Jorge Schmidt
unter Verwendung eines Fotos von Jonas Opperskalski
Satz, Druck und Bindung: GGP Media GmbH, Pößneck
Printed in Germany
ISBN 978-3-421-07010-4

www.dva.de

Inhalt

*Ich widme dieses Buch der Stadt
und Metapher »Tel Aviv«.
Und allen meinen israelischen Freunden.*

Prolog

Während ich diese Zeilen schreibe, ist noch völlig unklar, was geschehen wird, welche Folgen die aktuelle Krise in Israel haben wird. Es ist Anfang März 2023, im Mai feiert Israel seinen 75. Gründungstag. In vier Wochen soll die sogenannte Justizreform der Regierung Netanyahu in drei Lesungen verabschiedet werden und in Kraft treten. Die Eckpfeiler dieser tiefgreifenden Veränderungen des gesamten politischen Systems sind schnell erklärt:

- Zukünftig soll das Oberste Gericht nur noch die Möglichkeit haben, von der Regierung verabschiedete Gesetze, die in der Beurteilung der Richter den sogenannten Basic Laws, den Grundgesetzen des Staates, widersprechen, abzuweisen, wenn dem mindestens 12 von 15 Richtern zustimmen. Allerdings: Im Falle einer Ablehnung könnte mit einer einfachen Mehrheit von 61 Stimmen in der Knesset die Entscheidung des Obersten Gerichts überstimmt werden. Die Knesset, das israelische Parlament, hat 120 Mandate, 61 Mandate sind also die knappste Mehrheit.

- Die Reform sieht auch vor, dass in Zukunft die Regierung neue Richter berufen kann. Das Gremium, das diese Aufgabe hat, soll so umstrukturiert werden, dass die Regierungskoalition stets die Mehrheit der Sitze hat.
- Ebenso sollen die Rechtsberater der Ministerien künftig nicht mehr der Generalstaatsanwaltschaft unterstehen. Auf ihre Meinung kann, muss aber nicht mehr gehört werden. Die Minister sollen die Rechtsberater zukünftig auch einfach feuern können.

So weit ein paar der entscheidenden Punkte der von der Regierung als Justizreform deklarierten Veränderungen des politischen Systems. Die Gegner der Regierung sehen darin jedoch keine Reform, sondern einen Coup, einen Umsturz. Gewiss ist, dass mit diesen Plänen die Gewaltenteilung in Israel aufgehoben wäre, dass es keine Kontrolle der Politik mehr gäbe, dass die Zivilrechte des Individuums gefährdet wären. Wenn die Reform so umgesetzt wird, wie sie im Augenblick geplant ist, dann wäre nicht einmal das Recht zur Wahl garantiert, was Simcha Rothman, der Vorsitzende des Komitees für Verfassung, Gesetz und Justiz, Ende Februar sogar zugab. Man wolle das noch korrigieren, später, hieß es.

Inzwischen wird im In- und Ausland nur noch vom Ende der Demokratie in Israel gesprochen. Und alle, alle warnen vor den Folgen: Wirtschaftswissenschaftler, Banker, Hightech-Unternehmer, Politiker, Ex-Militärs, Ex-Geheimdienstler, Ex-Richter, Rechtsanwälte, Künstler. Doch das interessiert bislang weder Rothman noch Justizminister Yariv Levin. Die beiden sind die Treiber in dem Bemühen, die Reform bis zum Ende der Wintersaison der Knesset, also bis Ende März, durchzubringen.

Die Liste derjenigen, die vor den Folgen dieser Reform warnen, die fürchten, dass Israel bald ein Staat werden könnte wie Ungarn, Polen oder die Türkei, diese Liste wird lang und länger. Hunderttausende Israelis demonstrieren seit Bekanntwerden der Pläne gegen die Regierung, und es werden immer mehr. Am 1. März kam es zu Demonstrationen im ganzen Land, Straßen, Autobahnen und Verkehrsknoten wurden blockiert. In Tel Aviv ging die Polizei massiv gegen die Protestierenden vor. Kommt es zum Bürgerkrieg, wie viele befürchten?

Seit Wochen wird auch im ganzen Land gestreikt. Der frühere Premier Ehud Barak, einer der wohl höchstdekorierten Militärs des jüdischen Staates, forderte dazu auf, den Ungehorsam à la Gandhi zu üben. Hightech-Unternehmen ziehen bereits Milliarden von israelischen Banken ab, ebenso Venture-Capital-Investoren. Einige Start-ups, darunter ein Unicorn, haben ihren Weggang aus Israel angekündigt. Allein im Januar und Februar 2023 hat der israelische Schekel gegenüber dem US-Dollar um knapp sechs Prozent nachgegeben. Jetzt, Anfang März, ist immer noch völlig unklar, wohin die Reise gehen wird. Kann noch irgendjemand den Zug aufhalten, der immer schneller in Richtung Systemveränderung rast? Können die Demonstrationen etwas bewirken oder die einsetzende Wirtschaftskrise? Braucht es Druck von außen, aus Washington? Kommt da noch mehr als nur ein paar mahnende Worte? Im Moment sieht es nicht danach aus, als könnte irgendjemand, irgendetwas die Regierung Netanyahu von ihrem Vorhaben abbringen. Möglicherweise ist Israel Anfang April ein gänzlich anderes Land als das Israel, das man seit Jahrzehnten kennt.

Hinzu kommt: Seit Wochen werden die Spannungen im Westjordanland immer größer. Die israelische Armee geht so gut wie jeden Tag gegen Terroristen vor, die Aktionen werden immer blutiger, wie kürzlich in Nablus, wo das Militär bei einer Operation elf Palästinenser tötete und über hundert verletzte. Auch von palästinensischer Seite nehmen die Attentate und Angriffe zu, auch sie werden immer brutaler und aggressiver. Bei einem Attentat vor einer Synagoge in Jerusalem wurden sieben Israelis getötet und mehrere verletzt; bei einem anderen Attentat, bei dem ein Palästinenser in Jerusalem mit seinem Auto in eine Menschenmenge raste, starben zwei Israelis. Nachdem vor einigen Tagen bei einem Anschlag im Westjordanland zwei junge Israelis ermordet wurden, drehten radikale jüdische Siedler durch. Hunderte stürmten das palästinensische Städtchen Huwara mit seinen 7000 Einwohnern, zündeten Autos und Häuser an, wüteten dort mehrere Stunden. Dabei starb ein Palästinenser, Dutzende wurden verletzt. Die Armee und die Polizei brauchten endlos viel Zeit, um dem Wahnsinn ein Ende zu bereiten, sie konnten der Lage kaum Herr werden, was schlimm genug war.

Noch schlimmer aber war so manche Äußerung aus den Reihen der Regierungsparteien, wie etwa die von Zvika Fogel von der rechtsextremen Partei Otzma Yehudit des Nationalen Sicherheitsministers Itamar Ben Gvir. Er freute sich, eine brennende palästinensische Stadt zu sehen, und hoffte auf mehr: »Ich bin sogar sehr zufrieden, weil sie in Huwara verstanden haben, dass es ein Gleichgewicht des Terrors gibt, das die israelischen Streitkräfte im Moment nicht erreichen.« Auch wenn einige Politiker erklärten, dass es nicht angehe, das Gesetz selbst in die Hand zu nehmen, so ließen Tonfall und Wortwahl dennoch keinen Zweifel, dass Teile der neuen Regierung das »Pogrom«, wie die linksliberale Tageszeitung *Haaretz* und sogar der Kommandeur der israelischen Truppen im Westjordanland das Wüten in Huwara nannten, zumindest »nachvollziehen« konnten.

Die Aufregung in den israelischen Medien und der breiten Öffentlichkeit über die Raserei der Siedler ist ehrenvoll, aber nicht ehrlich. Selbst wenn ein Abgeordneter der oppositionellen Arbeitspartei einen hohen Betrag einsammelte, um den Palästinensern in Huwara, die mit der Ermordung der beiden israelischen Jungs unmittelbar zuvor nichts zu tun hatten, eine Art Kompensation zu übergeben, so hat die israelische Gesellschaft doch über Jahre und Jahrzehnte ausgeblendet, was in den besetzten Gebieten geschieht. Dass radikale Siedler immer wieder das Gesetz selbst in die Hand nehmen, wusste jede Regierung, wusste auch die Armee seit Langem. Abgefackelte Olivenhaine waren dabei noch das geringste Übel. Gewiss, nachdem nun in der aktuellen Regierung mit Otzma Yehudit und Religiöser Zionismus zwei Parteien an der Macht sind, die ideologisch aus der Siedlerbewegung stammen oder ihr sehr nahestehen, fühlten sich die Siedler, die Huwara verwüsteten, von ganz oben sozusagen gedeckt. Und nicht nur das, immer häufiger greifen Siedler auch die eigene Armee an, die ihre Ausschreitungen gegen Palästinenser zu stoppen versucht. So wollte ein Siedler bei den Unruhen in Huwara einen israelischen Offizier mit seinem Auto überfahren, andere bewarfen die eigenen Soldaten mit Steinen. Kein Einzelfall, solche Situationen häufen sich in jüngster Zeit.

Als am 1. November in Israel das fünfte Mal innerhalb von drei Jahren gewählt wurde, ahnte zunächst niemand, was da auf die israelische Gesellschaft zukommen würde. Nachdem Benjamin Netanyahu zwölf Jahre ununterbrochen Regierungschef war, gelang es 2021 acht Parteien, eine Koalition zu schmieden, die es in sich hatte. Sie alle einte der Wunsch, Netanyahu von der Macht fernzuhalten. Viele, die nun »Bibis« Gegner geworden waren, hatten einst eng mit ihm zusammengearbeitet. Sie misstrauten ihm zutiefst, sie hielten ihn für einen Lügner und Opportunisten, für einen Politiker, der vor allem an sich selbst dachte, nachdem er wegen mutmaßlicher Korruption in drei Fällen angeklagt worden war. Alle waren sie überzeugt, dass Netanyahu nur noch eines im Sinne hatte: seinen Prozess auf irgendeine Weise zu beenden und einer drohenden Gefängnisstrafe zu entgehen, koste es, was es wolle. Das Wohl des Staates schien ihm nicht mehr wichtig.

Acht Parteien schlossen also eine Koalition. Es waren linke, zentristische und rechte Parteien, die sich darauf einigten, miteinander eine Alternative zu Netanyahu anzubieten. Dabei entschieden sie, das heikelste Thema nicht anzutasten: die Frage, was mit den Palästinensern und den besetzten Gebieten geschehen soll. Sie wussten, dass die ideologischen Gräben zu tief waren, um dieses heiße Eisen anzufassen. Die eigentliche Sensation aber war, dass die sieben jüdischen Parteien zum ersten Mal in der Geschichte Israels eine arabische Partei aufnahmen. Ja, sie brauchten sie, um eine Mehrheit zu haben, aber es war zugleich – so schien es zumindest – ein Aufbruch zu etwas ganz Neuem.

Rund zwei Millionen Palästinenser sind israelische Staatsbürger, das sind etwa zwanzig Prozent der Gesamtbevölkerung Israels. Und nun saß eine ihrer Parteien in einer zionistischen Regierung. Möglich geworden war das, weil zuvor

Netanyahu eben diese Partei, die UAL (United Arab List) des Mansour Abbas, in die Regierung holen wollte. Netanyahu hatte bei der vierten Wahl innerhalb von zwei Jahren Anfang 2021 erneut keine eindeutige Mehrheit bekommen. Für den Machterhalt wollte er die bittere Pille schlucken und Araber in seine rechte Regierung eingliedern. Er scheiterte. Abbas entschied sich für Yair Lapid und Naftali Bennett, die beiden führenden Figuren der neuen Koalition, die ihn nur deshalb aufnehmen konnten, da Netanyahu es zuvor versucht hatte. Die Rechte konnte sie nun schlecht als Verräter an der zionistischen Sache beschimpfen.

All das scheint jetzt, Anfang März, Ewigkeiten her. Was seit dem 1. November geschehen ist, fühlt sich für viele in Israel wie ein Tsunami an. Netanyahu hat Tabus gebrochen, die unantastbar schienen. Er holte Itamar Ben Gvir und Bezalel Smotrich in die Regierung, zwei Rechtsextreme, die Araber hassen. Ben Gvir wurde mehrfach wegen Verhetzung und Unterstützung einer terroristischen Vereinigung verurteilt. Er wurde deswegen nie in die Armee aufgenommen, er galt als zu extremistisch. Und Bezalel Smotrich, der sich selbst als faschistischen Homophoben bezeichnet und gegen den 2005 eine Untersuchung wegen eines geplanten Anschlags lief, ist ein radikaler Siedler, der einen halachischen Staat fordert, also einen Staat, der nach dem jüdischen Religionsgesetz geführt wird. Vor Kurzem waren solche Extremisten noch Randfiguren. Wie in jeder Gesellschaft, so gibt es natürlich auch in Israel einen gewissen Prozentsatz an Extremisten. Doch man machte sich mit ihnen nicht gemein, man holte sie nicht in die Regierung, selbst wenn die israelische Gesellschaft insgesamt immer weiter nach rechts gerückt ist und viele politische

Ideen und Gedanken, die vor Jahren noch als Extrempositionen galten, inzwischen Mainstream geworden sind.

Wenn die Justizreform durchgesetzt wird, dann hätte das nicht nur ungeahnte Konsequenzen für Israel und seine Bürger. Es hätte wohl noch schlimmere Folgen für die Palästinenser in den besetzten Gebieten. Was Ben Gvir und Smotrich wollen – und nicht nur sie allein in dieser Regierung – ist, einen »endgültigen« Zustand herbeizuführen, mit anderen Worten: eine Annexion. Sie sagen es, sie meinen es. Ob es gelingt, ist die Frage. Das Militär, vor allem die Geheimdienste würden das so nicht mittragen wollen, da sie genau wissen, welche Implikationen das mit sich brächte. Aber die Extremisten in der Regierung werden es versuchen. Und damit würde voraussichtlich nicht nur noch mehr Gewalt die Region erschüttern, die Besatzung bekäme schlagartig einen völlig anderen Charakter, sie würde sich qualitativ verändern und weltweit neue, gänzlich andere Diskussionen auslösen, die Israel in einer Form brandmarken würden, die kaum noch rückgängig gemacht werden könnte.

Während ich diese Zeilen schreibe, kommt die Meldung, dass 22 israelische Experten für Internationales Recht einen Brief an die Generalstaatsanwaltschaft geschickt haben, sie solle sofort Untersuchungen gegen Bezalel Smotrich und andere Regierungsmitglieder wegen Anstiftung zu Kriegsverbrechen aufnehmen. Smotrich habe beispielsweise einen Tweet von Davidi Ben Zion, dem stellvertretenden Leiter des regionalen Rats von Samaria, »geliked« in dem Ben Zion geschrieben hatte: »Das Dorf Huwara sollte heute ausgelöscht werden.« Was wird die Generalstaatsanwaltschaft nun tun? Die

Lage ist verzwickt. Die Armee konnte die bedrängten Palästinenser nicht schützen, ein Teil der israelischen Regierung bejubelt oder »versteht« die Ausschreitungen der Siedler. Sollte der Staat keine Untersuchung einleiten, so könnte das der Internationale Strafgerichtshof (ICC) in Den Haag nach der vierten Genfer Konvention tun. Schon seit Längerem gibt es von Seiten der Staatsanwaltschaft des ICC eine Untersuchung, ob Kriegsverbrechen oder Verbrechen gegen die Menschlichkeit in der »situation in Palestine« begangen werden.

Die Frage, die sich jetzt stellt, ist, ob diese rechteste und extremste Regierung in der Geschichte Israels eine Untersuchung mittragen würde. Wenn nicht, dann haben nicht nur die Siedler, die in Huwara gewütet haben, ein Problem, sondern vor allem diejenigen, die die Randalierer angestiftet haben oder ihre Taten verbal unterstützten. Denn im internationalen Recht, wie David Kretzmer, ein emeritierter Professor für Verfassungs- und Internationales Recht in Israel, darlegt, hat sich eine Auffassung durchgesetzt, die R2P genannt wird, »responsibility to protect«, die Verantwortung zu schützen. Kann ein Staat diejenigen, die er per Gesetz in einer Besatzungssituation zu schützen hat, nicht schützen, dann hat die internationale Staatengemeinschaft die Pflicht, dies zu tun. Könnte Huwara der Auslöser dafür sein, diese Doktrin auf das Westjordanland anzuwenden? Es wird sehr darauf ankommen, wie der Staat nun reagieren wird. (Nur einen Tag, nachdem ich dies geschrieben habe, hat die Generalstaatsanwältin Gali Baharav-Miara eine Untersuchung gegen Zvika Fogel wegen »Anstiftung zum Terrorismus« eingeleitet.)

Doch unabhängig von der weiteren Entwicklung, allein die Tatsache, dass solche Fragen gestellt werden müssen, zeigt, wie sich das politische Klima in Israel in nur wenigen Wochen radikal verändert hat. Ein großer Teil der aktuellen Regierung hält nicht viel von der Formel, dass Israel ein demokratischer *und* jüdischer Staat ist. Für sie ist nur entscheidend, dass Israel jüdisch ist, mit »demokratisch« können und wollen sie nichts anfangen. Minderheiten, egal ob Palästinenser, LGBTQ+ oder andere, sind ihnen nicht wichtig, auch Frauen nicht. Der Schutz der Minderheiten, ein demokratisches Grundprinzip, könnte in Zukunft keine Rolle mehr spielen.

Die geplante Justizreform, die möglicherweise das Ende der Demokratie in Israel einleitet, wie man sie bislang kannte, hat die Gesellschaft noch tiefer gespalten, als sie es schon seit Jahrzehnten ist. Es war insbesondere Benjamin Netanyahu, der in den vergangenen Jahren diesen Riss in der Gesellschaft mit seinem Populismus schürte. Politische Gegner wurden zu Feinden deklariert. Sogar der Staat selbst, der es wagte, ihn, den rechtmäßig gewählten Premier, wegen möglicher Korruption anzuklagen, wurde zum Feind erklärt. Netanyahu begann, ähnlich wie Erdoğan in der Türkei, vom »tiefen Staat« zu sprechen, von einer Verschwörung der Polizei, der Justiz und der Medien gegen ihn. Es wirkte, als hätte der Premier mit der offiziellen Anklage im November 2019 wegen »Untreue, Annahme von Bestechungsgeldern und Betrug« alle Bedenken und Hemmungen fallen lassen. Mit dem Wahlsieg 2022 schien sich dies auch in der Auswahl seiner Koalitionspartner auszudrücken.

Das hatte zwei Gründe. Der eine war klar: Außer den Orthodoxen und den Extremisten wollte niemand mit Netanyahu koalieren. Der andere war ebenso offensichtlich: Netanyahu wusste, dass er eine Justizreform, die ihm bei seinem eigenen Gerichtsverfahren helfen würde, mit niemandem aus der Opposition durchziehen könnte. Ihm blieben nur die orthodoxen und rechtsextremen Parteien, die liberale Prinzipien verachten und seit jeher mit Füßen treten. Aber stimmt das wirklich? Geht es Netanyahu nur um seinen Prozess?

Es ist allgemeiner Konsens unter den Beobachtern in Israel, dass das, was sich gerade zusammenbraut, einzig und allein mit Netanyahus Angst zu tun hat, am Ende seiner Karriere möglicherweise im Gefängnis zu landen. Mag sein, dass er dachte, er könne Smotrich und Ben Gvir schon irgendwie in die Schranken weisen. Mag sein, dass er wie ein Magier plötzlich noch ein Karnickel aus seinem Hut zaubert, und alles wird gut. Doch in der realen Welt ist das wenig wahrscheinlich. Möglich allerdings ist, dass Netanyahu übersah, dass Ben Gvir und Smotrich mit insgesamt 14 Mandaten im Gegensatz zur letzten Wahl nicht nur viel mehr Stimmen hinzugewonnen hatten und damit in einer Koalition ganz anders auftreten konnten, sondern auch, dass beide »ihren« Bibi kannten. Netanyahu war schließlich berühmt dafür, dass er bislang noch alle seine Koalitionspartner ausgespielt und ausgetrickst hatte, je nachdem, wie es seinen Plänen gerade entgegenkam.

Smotrich und Ben Gvir bestanden daher auf weitgehende schriftliche Zusagen und stellten ungeheuerliche Forderungen, die selbst Netanyahu überrumpelten und ihnen eine enorme Machtfülle innerhalb des Kabinetts garantierten. An irgendeinem Punkt der Koalitionsverhandlungen erklärte Netanyahu sogar, dass es ja nicht so sei, als ob er und seine Likud-Partei sich Ben Gvir und Smotrich anschlössen, sondern dass es genau umgekehrt sei. Sprach's und jedem war klar: Netanyahu hatte ein massives Problem. Denn die beiden Ultras wussten ganz genau, dass der Premier in spe sie braucht, dass seine persönliche Zukunft von ihnen abhängt. Dass er ohne sie nicht regieren kann. Also forderten sie. Und erhielten. Viel. Sehr viel.

Ben Gvir ist nicht mehr nur wie seine Vorgänger Sicherheitsminister, sondern sogar Nationaler Sicherheitsminister. Er hat eine 2000 Mann starke Polizei-Einheit des Grenzschutzes in den besetzten Gebieten in sein Ministerium transferieren lassen, mit der er jetzt, wie manche sorgenvoll sagen, über eine kleine »Privatarmee« im Westjordanland verfügt. Diese Einheit unterstand bisher der Armee. Und er hat sich die Befugnisse geben lassen, selbst das planerische Vorgehen der Polizei bei ihren Einsätzen festzulegen, was früher ausschließlich in den Händen des Polizeipräsidenten lag. Doch Ben Gvir stieß bei Letzterem, zumindest bislang, auf Widerstand. Polizeipräsident Kobi Shabtai und viele seiner Offiziere widersprechen Ben Gvir, dem es an jeglicher praktischer Erfahrung fehlt und der obendrein seine Entscheidungen über die Medien verkündet und nicht mit seinem Polizeiteam bespricht. Doch inzwischen scheint Shabtai Ben Gvir »gefallen« zu wollen. Er hat die Forderungen seines Chefs nach mehr Härte inzwischen bei einigen Demonstrationen umgesetzt. Die Polizei ging gegen linke Demonstranten teilweise sogar mit Blendgranaten vor, auch Wasserwerfer und Tränengas wurden eingesetzt.

Und Smotrich? Der hat sich als Finanzminister eine dicke Scheibe aus dem Laib des Verteidigungsministeriums herausgeschnitten, indem er jetzt für die zivilen Angelegenheiten in den besetzten Gebieten zuständig ist. Er wurde zum Herrn über den Siedlungsbau, darüber, wo, wann, wie viel gebaut werden soll. Er will natürlich mehr und noch mehr bauen – und den Palästinensern alle Bautätigkeiten untersagen. Die Armee und der Verteidigungsminister sind in Sorge, denn es geht ja immer auch um die Sicherheitsfrage. Bislang waren all diese Aufgaben in den Händen des Verteidigungsministers, jetzt hat sie der Zivilist Smotrich übernommen. Und seine Entscheidungen könnten für die Ruhe und Sicherheit in diesen Gebieten höchst problematisch werden. Theoretisch haben Verteidigungsminister Yoav Gallant und die Armee das letzte Wort, sie könnten die Pläne Smotrichs durchkreuzen, aus »Sicherheitsgründen«. Nur, wird sich Smotrich daran gebunden fühlen? Wird ihn das aufhalten? Dazu kommt ein weiteres Problem. Rechtsgelehrte weisen darauf hin, dass die Übergabe der zivilen Verwaltung in die Hände des Nicht-Militärs Smotrich einer Annexion gleichkäme. Zumindest könnte man das juristisch so auslegen, da ja nicht mehr das Militär für diese Fragen zuständig wäre. Auch hier könnte auf die neue Regierung ein großes Rechtsproblem zukommen.

Die Schwierigkeiten dürften noch größer werden, wenn die Justizreform durchkommt. Dann würde die Justiz in Israel nicht mehr als unabhängig angesehen. Bisher bewahrte die Unabhängigkeit des Obersten Gerichts Soldaten, Offiziere und Politiker davor, vor dem ICC wegen möglicher Kriegsverbrechen oder Verbrechen gegen die Menschlichkeit angeklagt zu werden. Die Unabhängigkeit des Bagatz, wie das Oberste Gericht in seiner hebräischen Abkürzung genannt wird, war Grund genug, dass das ICC sich zurückhielt beziehungsweise entsprechende Vorstöße abgewehrt werden konnten. Das aber wäre nicht mehr möglich, wenn die Politik sich einen Freifahrtschein ausstellt und die Justiz lahmlegt.

Wie sehr die Gesellschaft in nur wenigen Wochen aus den Fugen geraten ist, lässt sich am deutlichsten in der Verweigerung der Israelis ablesen, ihren Dienst in der Armee zu versehen. Es gibt nur wenige Israelis, die den Militärdienst verweigern. Die große Mehrheit steht zur Armee, jeder weiß, dass sie der Garant für die eigene Sicherheit ist, jeder weiß, dass es auf jeden Einzelnen ankommt, ob Israel auch in Zukunft frei und unabhängig existieren kann. Dazu kommt die kollektive Erinnerung an die Shoah, an die Zeit, als sich die Juden »wie Schafe zur Schlachtbank« haben führen lassen, wie es in Israel früher hieß. Das Ethos der Nation, dieses ernstgemeinte »Nie wieder!« – ein ganz anderes »Nie wieder«, als es in Deutschland so oft von Politikern dahergesagt wird, wenn man wieder einmal entsetzt ist über antisemitische Vorfälle –, diese Überzeugung, dass »Massada nie mehr fallen« darf, womit die Festung am Toten Meer gemeint ist, ist existentieller Bestandteil der israelischen Identität. Auf Massada begingen nach drei Jahren Belagerung durch die Römer die letzten jüdischen Widerständler kollektiven Selbstmord, um nicht in der römischen Sklaverei zu enden. Damit war der Untergang des jüdischen Staates 73 n. Chr. besiegelt.

Und nun? Immer mehr Elitereservisten schreiben offene Briefe an die Regierung, dass sie nicht mehr bereit sind, zum Dienst anzutreten, falls sie gerufen werden. Sie seien nicht bereit einem Staat zu dienen, der keine Demokratie mehr ist. Piloten, Panzersoldaten, U-Boot-Offiziere und Spezialeinheiten wollen nicht mehr dienen, sogar 250 Offiziere eines Spezialkommandos, das die allergeheimsten Operationen mit dem Mossad und dem Shin Bet ausführt, wollen den Dienst verweigern, falls die Justizreform durchgeht.

Und nun haben sich auch die Elitesoldaten der Einheit 8200 gemeldet. Die Soldaten der 8200 betreiben nicht nur geheimdienstliche Aufklärung und leiten große militärische Aktionen, sie sind die mit am besten ausgebildeten Tech-Spezialisten der Welt. Rund siebzig Prozent aller israelischen Start-ups wurden von einstigen 8200-Soldaten gegründet. Nun haben sich Reservisten dieser Einheit in einem offenen Brief zu Wort gemeldet. Darin sagt die Gruppe, dass sie aufgrund ihrer Geheimdiensterfahrung »eine beunruhigende Häufung verräterischer Anzeichen erkennt, die auf eine echte Sorge um die Integrität und Sicherheit des Staates Israel, wie wir ihn kennen, hinauslaufen«, darunter der Zusammenbruch des sozialen Zusammenhalts, der Schaden für die Wirtschaft und der Ruf Israels in der Welt. »Ein Teil des Schadens könnte bald dauerhaft sein, während unsere Feinde sich vor Freude die Hände reiben«, heißt es in dem Brief weiter. »Es ist unsere Pflicht, Alarm zu schlagen und vor einem ›Yom Kippur‹ für die israelische Gesellschaft zu warnen«, eine Anspielung auf den Yom-Kippur-Krieg 1973, in dem ein völlig unvorbereitetes Israel schwerste Verluste erlitt. Auch die 8200er drohen, nicht mehr zu dienen, wenn die Regierung ihre Pläne wahr macht.

Und 37 von 40 Piloten des 69. Geschwaders haben sich entschieden, dem Training aus Protest fernzubleiben. Das 69. Geschwader mit seinen F-16I-Jets hat beispielsweise 2007 den syrischen Nuklearreaktor zerstört, fliegt regelmäßig Angriffe auf iranische Ziele in Syrien und wäre bei einem möglichen Angriff auf den Iran und dessen Nuklearanlage von entscheidender Bedeutung.

In nur zwei Monaten ist es Netanyahu und seinen Partnern gelungen, Israel komplett aus den Angeln zu heben und das

Militär in einer Art und Weise zu schwächen, die Israel schon sehr bald teuer zu stehen kommen könnte. Eine dritte Intifada steht möglicherweise kurz vor dem Ausbruch, der Iran kurz vor dem Durchbruch zur Nuklearbombe. Ohne eine in sich gefestigte Armee ist Israel ernsthaft in Gefahr. Dabei geht es nicht um Waffen und Technologie. Die hat die Armee ja nach wie vor. Aber wenn Soldaten und Offiziere sich nicht mehr mit dem Staat identifizieren können, den sie verteidigen sollen, wenn der Riss innerhalb der Gesellschaft sich auch in der Armee zeigt, dann hätte die aktuelle Koalition sozusagen ganze Arbeit geleistet. Denn das war immer der Stolz des Landes: die Armee als Schmelztiegel der unterschiedlichsten Gruppierungen der israelischen Gesellschaft. Hier war man eine Einheit, jeder stand für den anderen ein, Politik wurde außen vor gelassen, ob misrachisch oder aschkenasisch, ob religiös oder säkular, ob links oder rechts, es spielte keine Rolle. Oder sollte zumindest keine Rolle spielen.

Und nun?

Es ist schwer, zum jetzigen Zeitpunkt Mutmaßungen anzustellen. Wird Israel eine Demokratie bleiben, so wie man das Land bisher kennt? Palästinensische Israelis würden möglicherweise sagen, dass für sie Israel schon lange keine Demokratie mehr ist oder noch nie eine war. Wie richtig oder falsch diese Ansicht ist, wird in diesem Buch an anderer Stelle diskutiert. Keine Frage, Israels Demokratie war und ist nicht perfekt. Immerhin kann man darauf verweisen, welches Wunder es in Wirklichkeit ist, dass Israel bislang überhaupt eine Demokratie ist. Ein Land im Dauerkriegszustand, ein Land mit einer Bevölkerung, die aus aller Herren Länder mit unterschiedlichsten Kulturen und politischen Prägungen einge-

wandert ist, ein Land, das gerade einmal 75 Jahre jung und im
Grunde immer noch ein Staat im Werden ist. Doch das ändert
natürlich nichts an den Problemen und Schwächen des demokratischen Systems, das der Reformen bedarf, darüber sind
sich alle im Prinzip einig. Aber keine Reformen, wie sie die
aktuelle Regierung anstrebt, die das Land womöglich in ein
System überführt, das der sogenannten illiberalen Demokratie, wie Viktor Orbán seine Staatsform in Ungarn nennt, äh-
neln könnte.

Doch Israel ist nicht Ungarn, es gibt entscheidende Unterschiede zwischen beiden Ländern, wie der berühmte Historiker Yuval Noah Harari, dessen Bücher *Eine kurze Geschichte
der Menschheit* und *Homo Deus* internationale Bestseller wurden, in einem Meinungsartikel in der *Washington Post* erläu-
terte. Er nannte darin vier Punkte, die Israel von Ungarn
unterscheiden: Erstens sei Ungarn Teil der EU und könne damit nicht alles tun, was es wolle, es gebe ein Korrektiv aus
Brüssel. Israel aber gehöre nicht einem solchen Staatenver-
bund an und müsste keinerlei Restriktionen befürchten, wenn
es seine Staatsform ändert. Zweitens werde die Regierung in
Budapest nur über ungarische Staatsbürger herrschen, Israel
aber herrsche auch über Millionen Palästinenser in den besetzten Gebieten. Ein undemokratisches Israel würde, so Harari, die Lage der Palästinenser noch weiter verschlechtern.
Drittens sei die ungarische Gesellschaft alt, das Regime werde
überwiegend von älteren Menschen unterstützt, die kein großes Interesse an Gewalt hätten. Israel dagegen habe eine
Menge an sehr jungen Radikalen mit militärischer Erfahrung
und einer religiös-messianischen Weltanschauung. Und vier-
tens schließlich sei Ungarn militärisch ziemlich unbedeutend,

wohingegen Israel eine militärische Supermacht sei, mit einem Waffenarsenal und Cybertechnologien, die überall auf der Welt zuschlagen könnten. Und das Land, anders als Ungarn, leide auch an einer tiefsitzenden existentiellen Unsicherheit. Ein undemokratisches Israel, so fasst Harari zusammen, stelle für die Welt also eine ganz andere Herausforderung dar als Ungarn.

Selbst wenn man Harari bis dahin folgen möchte, muss man die aktuelle Entwicklung in Israel auch in einem größeren Zusammenhang sehen. So unterschiedlich die sozialen, historischen und geopolitischen Hintergründe sein mögen, die Krise des Liberalismus ist eine globale Krise, die viele demokratische Länder erfasst hat, sogar die größte Demokratie der Welt, die USA. Was also in Israel derzeit geschieht, ohne dass der Ausgang der Geschehnisse vorausgesagt werden kann, ist nicht nur ein typisch israelisches Phänomen. Ziemlich einzigartig ist allerdings der Widerstand der Bevölkerung gegen die Regierung, die Proteste und Demonstrationen. Vor allem auch, weil an diesen Protesten Führungspersönlichkeiten aus allen Bereichen des gesellschaftlichen und politischen Lebens teilnehmen, die zum Teil sogar bis vor Kurzem noch eng mit dem Premier zusammengearbeitet haben, wie der Ex-Mossad-Chef Yossi Cohen, den Netanyahu sogar als seinen Nachfolger protegieren wollte. Der Protest wird von Woche zu Woche größer, die Israelis spüren, nein, sie wissen, was für sie auf dem Spiel steht, und sind nicht bereit, sich alles bieten zu lassen. Ob sie damit erfolgreich sein werden? Selbst wenn die Regierung ihre Justizreform durchbringen sollte, so wird der Widerstand dagegen Ende März nicht aufhören, im Gegenteil. Er wird weitergehen. Möglicherweise sogar mit mehr Gewalt, was für das Land eine Katastrophe wäre. Dieser Widerstand hängt auch damit zusammen, dass die Menschen, die nun gegen die eigene Regierung auf die Straße gehen, im wahrsten Sinne des Wortes für dieses Land gekämpft haben. Sie alle waren Soldaten, sie alle haben Opfer gebracht, sie alle haben an einem oder gar mehreren Kriegen teilgenommen, sie wussten stets, wofür sie kämpften. Und sie wissen es auch jetzt. Sie wollen nicht, dass – aus ihrer Sicht – alles umsonst gewesen sein soll.

Doch was, wenn die Justizreform wirklich verabschiedet wird? Zum jetzigen Zeitpunkt lässt sich nur ahnen, in welche Richtung die Entwicklung gehen kann. Immer wahrscheinlicher wäre, dass das Oberste Gericht die Reform für verfassungswidrig erklärt (Israel hat keine Verfassung, sondern nur die »Basic Laws«, aber ich benutze hier der Einfachheit halber den Begriff »verfassungswidrig«). Was dann geschehen könnte? Das Gericht würde Premier Netanyahu für amtsuntauglich erklären wegen des Interessenkonflikts, in dem er sich befände. Da er ja möglicher Nutznießer der Reform wäre, die den Prozess gegen ihn beenden könnte, wäre eine solche Entscheidung durchaus denkbar. Umso mehr, als Netanyahu eine Entscheidung des früheren Generalstaatsanwalts Avichai Mandelblit in Sachen Interessenkonflikt akzeptieren und unterschreiben musste. Nähme dann, nach der Entscheidung des Gerichts, alles seinen geregelten, legalen (!) Gang, müsste Netanyahu entweder zurücktreten oder Neuwahlen ausrufen.

Nur was, wenn er und seine Regierung dazu nicht bereit wären? Dann müsste nicht die Polizei eingreifen, sondern der Inlandsgeheimdienst Shin Bet, der per Gesetz für die Wahrung der Sicherheit des Staates, seines demokratischen Systems und seiner Institutionen verantwortlich ist. Mit anderen Worten, der Shin Bet wäre an die Anweisung des Obersten Gerichts und der Generalstaatsanwaltschaft gebunden, obwohl er dem Premier unterstellt ist. Es ist in diesen Wochen offensichtlich geworden, dass der Chef des Shin Bet, Ronen Bar, kein großer Freund der Pläne Netanyahus ist. Würden seine Untergebenen ihm folgen und ihren Auftrag so ausfüllen, wie das Gesetz es in einem solchen Fall verlangt? Wenn ja, würde zwar Chaos entstehen, denn möglicherweise würden Teile der Regierung nicht freiwillig abtreten, aber nach einiger Zeit wäre das aktuell geltende, demokratische Recht durchgesetzt. Vorausgesetzt, die Polizei, die dem radikalen Ben Gvir unterstellt ist, würde sich nicht gegen den Shin Bet stellen. Wenn aber der Shin Bet dem Obersten Gericht nicht Folge leistet, dann könnte völlige Anarchie ausbrechen, wie viele Israelis befürchten.

So ist das letzte Wort über die Zukunft Israels noch lange nicht gesprochen. Aber selbst wenn die Justizreform durchgeht, selbst wenn die Extremisten erst einmal am Ruder bleiben – die Schlussfolgerung so mancher Antizionisten und Antisemiten, dass sich damit das »wahre Antlitz« Israels zeige, dass man nun erkennen könne, wie Israel schon immer war, ist genauso falsch und verzerrt, wie daran zu glauben, dass Juden, nur weil sie einst Opfer waren, nichts falsch machen können.

Israel ist ein überaus komplexes, kompliziertes Land. Die Gesellschaft auf seine extremen Anteile zu reduzieren, macht demjenigen, der ein ganz bestimmtes Weltbild bestätigt haben will, das Leben sicher leicht. Doch damit versteht er oder sie noch lange nicht, wie Israel wirklich tickt. Das aber hat nichts damit zu tun, ob man das Land verteidigen oder verdammen will, es hat nichts damit zu tun, ob man nun Zionist oder Antizionist ist, es hat nichts damit zu tun, ob man Juden und Israelis liebt oder hasst, es geht einfach nur darum, dass man versucht zu verstehen, wie dieses Land funktioniert und denkt und fühlt. Wie es großartige Dinge geschaffen hat in der kurzen Zeit seiner Existenz und natürlich auch, wie es vieles falsch gemacht und so manches Schreckliche getan hat. Israel ist alles andere als ein perfektes Land. Aber es ist ein spannendes Land und ein Land, in dem man etwas lernen kann, was in der deutschen Gesellschaft kaum vorhanden ist: die Fähigkeit, Ambivalenzen auszuhalten. Zu begreifen, dass sowohl das eine als auch dessen Gegenteil »wahr« sein oder zumindest nebeneinander existieren kann, ja existieren muss, damit es zu keiner Kollision kommt. Ambivalenz als ein Modus Vivendi, der von jedem Einzelnen äußerste Flexibilität und Einfühlungsvermögen verlangt, aber auch die Fähigkeit, Dinge einfach stehen zu lassen, die man eigentlich nicht erträgt, aber zu ertragen lernen muss, damit das Leben weitergehen kann.

In diesem Sinne habe ich versucht einige Fragen aufzugreifen, die in der Diskussion um Israel immer wieder auftauchen und die häufig zu heftigen Kontroversen führen, in denen so mancher einfach nur Recht behalten möchte, bei oftmals mangelndem Wissen. Einige wollen sogar nur ihre Vorurteile bestätigt sehen, egal, welche das sind. Manchmal sind die Auseinandersetzungen um diese Fragen auch »Stellvertreterkriege«, gerade in Deutschland geht es dann gar nicht mehr um Israel und den Nahen Osten, sondern um ganz eigene Themen und Fragestellungen.

Die fünf Kapitel dieses Buches behandeln die meines Erachtens entscheidenden Fragen, die mit der Existenz des Staates Israel zusammenhängen. Vor 75 Jahren wurde ein jüdischer Staat gegründet, von Menschen, die als Schicksals- und Glaubensgemeinschaft in der ganzen Welt verstreut und durch eine gemeinsame Hoffnung, ein gemeinsames Ziel verbunden gewesen waren. Die Gründung des jüdischen Staates ist einzigartig in der Geschichte der Menschheit, weil sie von einer metaphysischen Idee getragen war, der Rückkehr nach Zion nach 2000 Jahren. Es war nicht die Selbstermächtigung einer Bevölkerung, die auf ein und demselben Fleckchen Erde lebte und sich jetzt unabhängig machte. Es war nicht die Veränderung eines bereits existierenden Staates, beispielsweise von einer Monarchie zu einer Demokratie, es war nicht der freiwillige oder unfreiwillige Zusammenschluss eines Staatenverbundes. Die Gründung Israels, die in der Unabhängigkeitserklärung ein klares Bekenntnis zu einer freiheitlich-liberalen und demokratischen Gesellschaftsordnung formulierte, war nicht weniger als die »Fleischwerdung« eines Traums, vergleichbar vielleicht nur noch mit der Gründung der USA, die ja ebenfalls von einer Idee ausging.

Für die nichtjüdische Welt, insbesondere in Europa, war das Entstehen Israels vor 75 Jahren eine Provokation. Denn es kippte nicht zuletzt ein Jahrhunderte altes Bild »des Juden« auf den Müllhaufen der Geschichte und hielt der nichtjüdischen, antisemitischen Welt einen Spiegel vor. »Der Jude« hatte plötzlich Muskeln, Waffen, war aggressiv, wehrte sich und beging, ja, auch das, Verbrechen. »Der Jude« war in die Geschichte zurückgekehrt. Als Akteur. Nicht mehr als Opfer, nicht mehr als bleiches Wesen, das sich als »Geldwechsler« oder »Talmudgelehrter« in den kruden, von Vorurteilen bestimmten Köpfen einer intoleranten, feindlich gesinnten

Mehrheitsgesellschaft festgesetzt hatte. Als Opfer der Massen-
schlachtung seines Volkes, noch drei Jahre vor der Gründung
des jüdischen Staates, als »der Jude« längst nur noch zu Zahlen oder »Ratten« mutiert war

Neben den geopolitischen Fragen und Problemen, die die
Existenz Israels mit sich brachte, insbesondere in der Auseinandersetzung mit der arabischen Welt, aber sehr viel mehr noch
mit den Palästinensern, und neben aller berechtigten Kritik an
Israel, neben den Widersprüchen, Dichotomien und Fragwür-
digkeiten seiner Identität und seiner Politik, gibt es eine Reihe
von Fragen an dieses einzigartige Land, die häufig eine Mischung aus Unverständnis und Vorurteil sind – oder ein Vorurteil einfach nur bestätigt wissen wollen. Die Fragestellung
kann ernst und seriös sein und doch schon das Vorurteil in
sich tragen, allein dadurch, dass dieselben Fragen an andere
Staaten nicht herangetragen werden. Niemand stellt beispielsweise Indien die Frage, ob es eine Demokratie ist. Israel aber
schon. Damit beschäftigt sich gleich das erste Kapitel, mit dieser sehr grundsätzlichen Frage nach der Demokratie, auf die
manche eine – gefühlte – Antwort antizipieren, die nichts weniger als eine Delegitimation des Judenstaates in sich trägt.

Im zweiten Kapitel wird die Frage aufgeworfen, ob Israel ein
Apartheidstaat war und ist. Auch hier scheinen manche die
Antwort bereits zu kennen. Auch sie zielt häufig darauf ab,
dem Staat das Existenzrecht abzusprechen und nicht nur
mögliche Fehlentwicklungen anzugreifen, sondern das gesamte zionistische Projekt zu verdammen. Dabei ist die Frage
insofern interessant, als man mit ihr untersuchen kann, wie
der Staat sich wirklich entwickelt hat, wo die Schwachstellen
sind, wo ernsthafte Kritik zu üben ist und wo die ideologisch

aufgeladene Vorstellung des Fragestellers ganz woanders hinführt als zur Auseinandersetzung mit Fakten und Geschehnissen.

Mit der dritten Frage, ob Kritik an Israel antisemitisch ist, wirft das Buch ein Schlaglicht auf diejenigen, die alle anderen Fragen des Buches mit einer präjudizierten Antwort versehen, mit anderen Worten: die Israel von vorneherein ablehnen.

Die vierte Frage, ob Israel ein fundamentalistischer Staat ist, kam erst im Laufe der Entstehung dieses Buches als wichtige Fragestellung auf. Nicht, dass sie neu wäre. Bereits 1998, also zum 50. Jahrestag des Staates Israel, schrieb ich ein Buch mit dem Titel: *Israel am Wendepunkt, von der Demokratie zum Fundamentalismus?* und stellte Fragen an die damalige israelische Gesellschaft und bestimmte Entwicklungen, die heute nun im Zentrum der Macht angekommen sind. Indem nun zum ersten Mal Siedler Minister sind, die aus ihren Absichten keinen Hehl mehr machen und ganz offen davon reden, dass sie das gesamte System des Staates umstürzen wollen, wird die Frage nach dem fundamentalistischen Element in Israel besonders virulent. Allerdings mit dem Hinweis darauf, dass es eben *ein Teil* der Gesellschaft ist, der sich in diese Richtung entwickelt hat. Und dass die Folgen einer Systemveränderung für die Zukunft immens sein könnten, dass Fragen nach Apartheid, Liberalismus und Demokratie eines Tages ganz anders gestellt und beantwortet werden könnten, macht die aktuelle Entwicklung im Land für den Journalisten, für den Historiker und Politologen oder Zeitgeschichtler so interessant und spannend.

Die letzte Frage, ob Palästina den Palästinensern gehört, ist aus heutiger Sicht eine rhetorische. Der Anspruch der Palästinenser auf zumindest einen Teil Palästinas ist längst Teil des internationalen Rechts. Allerdings war der Weg dahin ein ganz anderer, als ihn viele vermuten, und er hat die israelische Sicht auf den Konflikt geprägt, die man gewiss nicht teilen muss, die zu kennen aber wichtig ist, um den Konflikt zwischen Israelis und Palästinensern, der auch nach über hundert Jahren nicht beendet ist, verstehen zu können.

So habe ich versucht, mich diesen Fragen zu nähern und sie zu erläutern. Ich habe nicht immer klare, einfache Antworten, es gibt sie in vielen Fällen nicht. Mein Bemühen war, die Komplexität der Realität hinter den Fragen auszuleuchten. Eine Realität, die sich ständig verändert, eine Realität, die möglicherweise bald eine ganz andere sein wird, als wir sie bislang kannten.

Tel Aviv, Anfang März 2023

1 - Ist Israel eine Demokratie?

Mit einem populistischen Knall versuchte Premier Benjamin Netanyahu noch am Wahltag selbst, seine Anhängerschaft zu motivieren: »Arabische Wähler strömen in Scharen zu den Wahllokalen«. Peng. Mit diesem Satz auf seinen Social-Media-Kanälen wollte er die Wahl im Jahr 2015 für sich entscheiden, wollte erreichen, dass jeder Rechte, der lieber daheim geblieben wäre, sich doch noch aufrafft und zu den Urnen rennt und seine Stimme für »Bibi«, wie Netanyahu in Israel genannt wird, abgibt. Und ja, Bibi gewann die Wahlen, die er fast schon verloren geglaubt hatte.

Dieser eine Satz des Benjamin Netanyahu spiegelt Elend und Glanz der israelischen Demokratie wider. Ja, es gibt in Israel freie und allgemeine Wahlen, also für alle Staatsbürger, auch die arabischen. Was für die »einzige Demokratie des Nahen Ostens«, wie Netanyahu dies immer und immer wieder betonte, wie eine Selbstverständlichkeit klingt, ist aber keine. Das muss der Beobachter, der europäische, der deutsche Beobachter zumal, begreifen. Und das hat durchaus auch historische Gründe. Das zionistische Projekt begann im 19. Jahrhundert als eine nationale Idee des europäischen, aufgeklärten Judentums und natürlich auch als nationalstaatliches Projekt, das in Anknüpfung an die teils späten Nationalstaatsbildungen des 19. Jahrhunderts zu sehen ist. Man ist versucht zu behaupten, dass es für eine solche europäische Nationalbewegung zu jener Zeit geradezu »natürlich« gewesen wäre, demokratisch ausgerichtet zu sein. Doch das stimmt nur auf den ersten Blick. Bürgerliche Freiheiten und Rechte waren in Europa noch lange nicht überall verwirklicht, Demokratie war immer noch ein Unterfangen, das viele Länder des Alten Kontinents noch nicht oder noch nicht vollständig umgesetzt hatten, schon gar nicht im zaristischen oder dann kommunistischen Russland, von wo viele frühe Zionistenführer stammten. Den zu gründenden israelischen Staat als Demokratie zu denken, war also keine Selbstverständlichkeit. Aber es war logisch. Nicht nur, weil Demokratie damals ein Versprechen auf ein freies, unabhängiges Leben für alle war, sondern weil Juden in vielen Teilen Europas unter Unfreiheit litten, unter Antisemitismus und Verfolgung, selbst in Staaten, die damals schon freie Wahlen kannten. Man nehme nur Frankreich, wo Herzls Idee eines »Judenstaats« entstand, nachdem er als Korrespondent der Wiener Zeitung *Neue Freie Presse* den antisemitisch motivierten Schauprozess gegen den französisch-jüdischen Offizier Alfred Dreyfus verfolgt hatte. Zur Rekapitulation: 1870 wurde mit der Ausrufung der Dritten Republik die parlamentarische Demokratie eingeführt. Doch das verhinderte natürlich nicht, dass noch 1894 antijüdische Ressentiments und der Versuch, die wahren Gründe für die Niederlage Frankreichs im Krieg gegen Deutschland zu vertuschen, eine so bedeutende Rolle spielen konnten, dass ein »demokratisches« Gericht Dreyfus zu Unrecht verurteilte. Der Jude als Sündenbock. Nichts Neues im christlichen Abendland, nicht einmal im inzwischen demokratischen Abendland. *More of the same,* was Juden seit Jahrhunderten durchleiden mussten.

Herzl und alle, die ihm folgten, konnten und wollten daher nichts anderes, als in Palästina einen Staat schaffen, der seinen Bürgern die größtmögliche Freiheit garantierte. Sie begriffen, dass sie als Juden anders niemals echte Freiheit erleben würden, Bürgerrechte hin oder her. Es ging um das Selbstbestimmungsrecht, man wollte das Joch der »Goyim« abwerfen, unabhängig werden, sich nichts mehr sagen lassen, raus aus dem Ghetto und hinein in ein säkulares, aber eben säkular-jüdisches Leben. Wo hätte das besser geschehen können als in Palästina, das war Kanaan oder »Eretz Jisrael«, das Land Israel, wie es in der Thora bezeichnet wird. Der Name Palästina geht wohl zurück auf die »Plischtim«, die Philister, wie sie auf Hebräisch heißen. Erst mit dem römischen Kaiser Hadrian setzte sich der Name Palästina für die Region durch. Die Araber, die in Palästina lebten, verstanden sich lange Zeit nicht als »palästinensisches Volk«. Der Begriff kam erst sehr viel später auf. Aber zu Herzls Zeiten hieß der Landstrich, auf dem der Judenstaat entstehen sollte, offiziell Palästina. Er und die Seinen sprachen dagegen von »Zion«, einem anderen biblischen Namen für Jerusalem und damit für Israel.

In Zion also wollten Herzl und seine Anhänger den Judenstaat schaffen. Nun war die Frage, wie dessen Staatsform ausschauen sollte. Und ein langer Weg, der bereits im Yishuv, in der jüdischen »Siedlung«, wie man das prästaatliche Gemeinwesen vor der Gründung Israels nannte, diskutiert wurde. Denn im Yishuv wurden die Grundlagen für den Staat Israel und dessen Staatsform geschaffen, die von Anfang an in sich widersprüchlich und ambivalent waren. Das zionistische Narrativ war ethnisch-national, es ging schließlich um die historischen Rechte des jüdischen Volkes auf »Eretz Jisrael«, auf das »Land Israel«. Es ging um Solidarität der Juden untereinander und Unabhängigkeit von den Nichtjuden. Deswegen konnte in dieser eigentlich nichtreligiösen Ideologie aufgrund der politischen Erfahrungen in Europa gar nichts anderes herrschen als ein grundlegend liberales Klima, das dem zionistischen Unternehmen einen notwendig demokratischen Charakter verlieh. Der Yishuv entwickelte sich also einerseits als eine ausschließlich ethnische, aber andererseits in diesem Framework dennoch demokratische Gemeinschaft.

Und doch waren diese Widersprüche des jüdischen Staates, die bis heute die Politik des Landes bewegen, schon damals offensichtlich. Verantwortlich dafür ist eigentlich die Thora, die von den Christen das »Alte Testament« genannt wird. Die Definition des Jüdischen, oder besser der »Hebräer«, wenn man die Thora beim Wort nimmt, ist einzigartig. Nur im Judentum ist die Zugehörigkeit zu einem »Glauben« identisch mit der Zugehörigkeit zu einer Nation. »Glauben« ist hier in Anführungszeichen geschrieben, weil es ein christlicher Begriff ist. Das Äquivalent im Hebräisch heißt »Da'at«, was soviel wie »Wissen« bedeutet. In dieser Definition, also als Glaube an den oder Wissen um den Einen Gott und die Zugehörigkeit zum Volke Israel, ist eine Identität geschaffen worden, die der modernen, liberal-demokratischen Gesellschaftsform, die sich heute primär universalistisch gibt, zuwiderläuft. Während die liberale Welt heute versucht, alles und jeden zu inkludieren, Grenzen zwischen den Bürgern eines demokratischen Staates zu verschieben oder gar aufzulösen, um so für mehr Gleichheit und Gerechtigkeit zu sorgen – zumindest idealerweise –, so ist das Judentum seit jeher einen anderen, partikularistischen Weg gegangen. Es ging der jüdischen Welt stets um Unterscheidung. Nicht um Absonderung, wie dies von einer zumeist christlichen Umwelt verstanden oder dann auch gewaltsam oktroyiert wurde, sondern eine Unterscheidung, die lediglich auf dem »Anders-Sein« bestand. Erst im 19. Jahrhundert, als auch den Juden in Teilen Europas die bürgerlichen Rechte gewährt wurden, begann der Assimilationsprozess, den viele dankbar annahmen, um dem dunklen, schrecklichen Ghetto und damit der Unfreiheit zu entkommen. Viele wollten in der Mehrheitsgesellschaft aufgehen können und sogar »unsichtbar« werden. Nicht alle wählten diesen Weg, dieses »Billet d'Entrée«, wie Heinrich Heine die Konversion nannte, von der sich viele Juden mehr Akzeptanz in der Mehrheitsgesellschaft versprachen als lediglich von einer Loslösung von den Traditionen der Vorväter. Es gab auch einen anderen Weg: das liberale Judentum, auch Reformjudentum genannt. Eine Form des gelebten Glaubens, die sich in Vielem an den deutschen Protestantismus anlehnte, bis hin zu den Beffchen, die in frühen Tagen dieser religiösen Gruppierung von so manchen Rabbinern an ihren Talaren getragen wurden. Auch die Einführung der Orgel im jüdischen Gottesdienst ist ein deutlich sichtbares Zeichen, dass man den eigenen Gebetsritus dem christlichen anpasste, ja, bis zu einem gewissen Grad sogar kopierte. In seinen Anfängen versuchte das Reformjudentum einen anderen Weg zu gehen als die Orthodoxie. Man wurde Staatsbürger des jeweiligen Landes, in dem man lebte, und hatte nur noch einen »jüdischen Glauben«, ebenso wie es den katholischen und protestantischen Glauben gab. Man war plötzlich »Deutscher jüdischen Glaubens«, so wie man »Deutscher katholischen oder protestantischen Glaubens« sein konnte. Die Idee, Teil eines uralten Volkes zu sein, wurde abgelegt, man glaubte sich damit emanzipiert zu haben. »Staatsbürger« wurde zur neuen Religion, egal, ob man Jude oder Christ war.

Natürlich hat das liberale Judentum im Laufe der Geschichte seine Wege mehrfach verändert und korrigiert. Es musste auch auf den Zivilisationsbruch der Shoah reagieren, der bewies, dass Assimilation oder die Überzeugung, man sei als Citoyen ein untrennbarer Teil seines Staates, keine Garantie für Unversehrtheit boten, dass beides letztendlich gescheitert war.

Der Zionismus begann ursprünglich ebenfalls als Bewegung gegen die jüdische Identität innerhalb des Religionsgesetzes, der Halacha. Er versuchte, mit europäischen Mitteln des 19. Jahrhunderts eine nationale Identität jenseits des Glaubens der Väter zu schaffen, die aber dennoch Platz für alle Arten von Juden garantierte, also auch für religiöse, praktizierende Juden, sogar für Juden, die aufgrund ihrer religiösen Überzeugungen antizionistisch waren. Herzl wiederum hatte nach dem Dreyfus-Prozess begriffen, dass der Antisemitismus in Europa Juden keine Luft zum Atmen ließ, dass alle Versuche, unter Nichtjuden gleichberechtigt und ohne Diskriminierung zu leben, zum Scheitern verurteilt waren. Er konnte die Shoah nicht voraussehen, doch er erkannte, dass der Judenhass in seiner rassistischen, modernen Variante ein intrinsischer Bestandteil europäischer Kultur ist. So sah er nur noch einen Ausweg zur Emanzipation der Juden. Wo? Natürlich in der alten Heimat der Vorväter. Doch so »natürlich« war das nicht. Kurze Zeit hatte Herzl sogar die Idee, den Judenstaat in Uganda zu gründen, ihm war in manchen Momenten die Unabhängigkeit der Juden wichtiger als der Ort, wo das stattfinden sollte. Doch schnell ließ er die Idee fallen, nicht nur, weil er auf den Zionistenkongressen keine Unterstützung für diesen Vorschlag fand, es hätte der Bewegung den Elan genommen. Denn nur die Rückkehr in die alte jüdische Heimat konnte Begeisterung und vor allem den idealistischen Durchhaltewillen auf dem mühseligen Weg der frühen Zionisten entfachen, die einen tieferen Sinn darin sahen, nach Zion »zurückzukehren«. Doch die Idee, den modernen jüdischen Staat in der »alten Heimat« zu gründen, also auf jenem Gebiet, das Gott dem Volk Israel versprochen hatte, barg streng genommen bereits einen Widerspruch in sich, ein religiöses Element, das im heutigen Israel spätestens mit dem Sechstagekrieg und der Eroberung jener Gebiete, die das eigentliche biblische Israel ausmachten und in denen sich auch die wichtigsten jüdischen Heiligtümer und Gräber von Stammvätern und -müttern und Propheten befinden, manifest wurde.

Doch zurück zu dem Social-Media-Coup des israelischen Premiers Netanyahu aus dem Jahr 2015. Er warnt seine Wähler. Er hat Angst, er könne die Wahlen verlieren. Weil »die Araber« wählen gehen. In großer Zahl. Gleich drei Botschaften sind in dieser einen »Warnung« enthalten. Einerseits ist dieser Satz populistisch und insinuiert, dass das eigentlich nicht in Ordnung sei, wenn Araber im jüdischen Staat wählen. Andererseits bestätigt er jedoch, dass in Israel auch die Minderheit wählen kann und darf. Und drittens zeigt er, dass selbst er, Premier Netanyahu, dies nicht verhindern kann. Natürlich appellierte Netanyahu damit an niedrigste Instinkte. Es war eiskaltes, machtpolitisches Kalkül. Seine Wählerschaft sind überwiegend diejenigen, die Israel eher als ethnischen Staat denn als liberale Demokratie definieren. Nicht als einen Staat, der Minderheiten schützt und ihnen dieselben Rechte gibt wie der Mehrheit, nicht als einen Staat, der der Staat all seiner Bürger ist, sondern als einen Staat, in dem das jüdische Element wichtiger ist als das demokratische.

Gleich nach dem Wahlsieg reichte Netanyahu – natürlich nur verbal – der arabischen Bevölkerung Israels die Hand. Er gab sich wieder ganz staatsmännisch und versprach, der Premier aller Bürger zu sein – was er noch nie war und nie sein wird. Doch damit steht er nicht allein. Kein einziger israelischer Regierungschef war jemals der Premier aller seiner Bürger. Denn Israel ist nicht unbedingt der Staat aller Bürger. Aber ist Israel deswegen undemokratisch? Wenn man sich an das Wahlkampfvideo von Ayelet Shaked aus dem Jahr 2019 erinnert, könnte man meinen, die Antwort zu kennen. Die rechtsnationale Politikerin, die zu dem Zeitpunkt Justizministerin Israels war, präsentiert sich als elegantes Supermodel, das den Duft eines Parfüms namens »fascism« über alles liebt. Sie mokiert sich über das Labeling der Linken, das ihr anhaftet. Dass sie rechtsnationale Politik betreibt, ist klar. So war das Video einerseits als ein politisches Statement zu sehen, das aber davon absah, die politische Struktur des Staates anzugreifen, andererseits aber auch als scharfe Kritik an der Linken, die in ihren Augen jüdische, nationale Werte gegen einen Universalismus westlicher, nichtjüdischer Provenienz eingetauscht hat. Doch damit nicht genug, und es zeigt, wie kompliziert die Realität Israels ist: 2021 gehörte sie der Koalition aus acht Parteien an, die verhinderten, dass Benjamin Netanyahu erneut Premier werden konnte. Und sie saß, inzwischen als Innenministerin, in dieser Koalition zusammen mit linken und arabischen Parteien – was sie im nächsten Wahlkampf 2022 dann wieder öffentlich »als Fehler« bezeichnete und bereute. Geholfen hat es ihr nicht, sie und ihre Partei kamen nicht mehr in die Knesset.

Wie definiert man Demokratie? Jeder weiß, dass Demokratien in jedem Land anders aussehen und anders funktionieren. Bereits zwischen Frankreich und Deutschland gibt es entscheidende Unterschiede. Frankreich ist eine Präsidialdemokratie, Deutschland nicht. Frankreich ist laizistisch, Deutschland säkular. Frankreich ist zentralistisch, Deutschland föderalistisch. In Frankreich galt seit jeher das Ius soli, auch Geburtsortprinzip genannt, das heißt, wer in Frankreich geboren wird, ist automatisch französischer Staatsbürger; in Deutschland galt bis Anfang der 2000er-Jahre das Ius sanguinis oder Abstammungsprinzip, man musste also »vom Blute« her bereits Deutscher sein, um direkt bei der Geburt die deutsche Staatsbürgerschaft zu bekommen. Die Unterschiede ließen sich beliebig fortsetzen. Doch letztendlich einen die meisten Demokratien westlicher Prägung einige wichtige Prinzipien. Politische Gleichheit ist ein konstitutives Element der Staatsbürgerschaft in einer liberalen Demokratie. Der Nationalismus ist hier eine Art bürgerlicher Nationalismus jenseits ethnischer Identitäten. Vor allem behauptet diese Demokratieform, dass alle Bürger zur dominanten Kultur des Staates gehören. Dass diesen Idealen inzwischen selbst westeuropäische Staaten in der Praxis nicht mehr unbedingt entsprechen, ist Ausdruck einer Krise, die Fragen aufwirft, ob dieses Ideal in der Realpolitik auf Dauer funktionieren kann. Manche Staaten entwickeln sich daher zu multikulturellen Demokratien, die wiederum andere Regelungen für das Zusammenleben unterschiedlicher Ethnien entwickelt haben, beispielsweise Kanada, das ein grundlegend anderes Einwanderungs- und damit auch Staatsbürgerschaftsrecht hat als viele andere liberale Demokratien.

Und Israel?

»Solange noch im Herzen eine jüdische Seele wohnt und nach Osten hin, vorwärts, ein Auge nach Zion blickt, solange ist unsere Hoffnung nicht verloren, die Hoffnung, zweitausend Jahre alt, zu sein ein freies Volk, in unserem Land, im Lande Zion und in Jerusalem!«, so lautet der Anfang des Textes der Nationalhymne Israels.

»Bist Du verrückt?«, fragt mich meine Freundin Ranyia in Jaffa, wo ich seit 17 Jahren lebe. »Wie soll ich diesen Text singen, wie? Wie soll ich mich zugehörig fühlen, solange die Nationalhymne dieses Staates mich ausgrenzt?« Ich kann Ranyia gut verstehen. Wie würde ich als deutscher Staatsbürger reagieren, wenn der Text der Nationalhymne mich ausgrenzen würde? Dass ich aus historischen Gründen ein Problem mit der Melodie der deutschen Hymne habe, ist ein anderes Thema.

Nein, Ranyia hat keine jüdische Seele, natürlich nicht. Und das Symbol auf der Nationalflagge, der Davidstern, ist wahrlich nicht ihr Symbol, es ist ein jüdisches Symbol, kein israelisches. Und die beiden blauen Streifen in der Flagge sind eine Anspielung auf den Tallit, den Gebetsschal, den religiöse Juden tragen. Ranyia und rund zwei Millionen Araber in Israel sind zwar Staatsbürger, haben eine israelische ID, den israelischen Pass, aber sie können und werden sich mit dem Staat kaum identifizieren können. Das würde nur geschehen können, wenn der Staat Israel tatsächlich ein »Staat seiner Bürger« würde. Aller seiner Bürger. Aber das ist er nicht. Denn Israel ist eine »ethnische Demokratie«, wie der israelische Soziologe Sammy Smooha das nennt. »Warum können die Juden mich nicht einfach akzeptieren?«, fragt mich Ranyia. Sie erwartet keine Antwort, die Frage ist rein rhetorisch. Wir sitzen am Strand von Ajami, trinken Tee mit Na'ana und schwatzen mal wieder über das, was man auf Hebräisch »HaMatzav«, die »Lage«, nennt, also den Konflikt zwischen Israelis und Palästinensern, zwischen Juden und Muslimen, und auch zwischen jüdischen und palästinensischen Staatsbürgern innerhalb Israels. Ranyia trägt Hijab, sie arbeitet als Lehrerin in einer Schule in Tel Aviv, unterrichtet dort, nein, nicht Arabisch, sondern Hebräisch. Natürlich mit dem Kopftuch, das ist in Israel, anders als in Deutschland, absolut kein Thema. Und selbstverständlich besucht sie auch mal die Moschee. Der Ruf des Muezzins ist in Jaffa überall zu hören, auch in anderen Städten innerhalb Israels, wo überwiegend Araber leben, und in sogenannten gemischten Städten, wo Juden und Araber zusammen leben, etwa in Akko und Ramle und Lod und Haifa. Und niemand käme auf die Idee, den Ruf des Muezzin unterdrücken zu wollen – höchstens am frühen Morgen gegen 4 Uhr 30, wenn auch jüdische Menschen vom »Allahu akbar« aus den Lautsprechern der Moscheen aus dem Schlaf gerissen werden. Dann gibt es Beschwerden. Wegen der unterbrochenen Nachtruhe, nicht wegen des islamischen Gebets. Die Ausübung des Glaubens? Stört niemanden. Aber verdammt, man will wenigstens so lange schlafen können, bis die Kinder in die Schule müssen. Ein Streit unter Nachbarn, kein Streit der Religionen.

Ranyia weiß, dass sie trotz allem privilegiert ist. Sie hat in Israel mehr bürgerliche Rechte als in den meisten muslimischen Ländern, gerade als Frau. Zumindest vor dem staatlichen Gesetz. Was sonst in ihrer Community geschieht, steht auf einem anderen Blatt. Und doch fühlt sie sich unfrei. Es ist nicht ihr Land, Staatsbürgerschaft hin oder her, egal, ob sie selbst sich nun als »Palästinenserin mit israelischer Staatsbürgerschaft« bezeichnet oder ob sie von der jüdischen Mehrheit als »arabische Israelin« oder »israelische Araberin« gelabelt wird.

Die Definition Israels als »ethnische Demokratie« beschreibt die Realität ziemlich gut. Das Englische »The Jewish nation state« ist präziser als das deutsche »der jüdische Staat«. Was in Israel geschieht, ist die klare Propagierung des zionistischen Ideals von vor der Staatsgründung und damit eines jüdischen und nicht israelischen Nationalismus, der alle Bevölkerungsgruppen beinhalten würde. Selbst wenn Araber in Israel eigene Institutionen in Sachen Religion, Medien, Kultur, Erziehung und sogar in der Kommunalpolitik haben, so werden diese dennoch vom Staat kontrolliert. Die ethnische Mehrheit setzt ihre nationalen Ideologien um, die schon vor der Staatsgründung existierten. Da ist für Ranyia zwar als Individuum Platz, als Teil eines Kollektivs aber wird es für sie schon schwieriger. Doch weil der Zionismus als liberale Bewegung begonnen hat, weil die bürgerlichen Freiheiten in Israel auch Teil der »Basic Laws« sind, eine Art Grundgesetz, genießen Ranyia und mit ihr zwei Millionen nichtjüdische

Staatsbürger selbstverständlich alle demokratischen Grundrechte. Zumindest de iure. Doch gleichzeitig ist Ranyia Teil jenes Volkes, mit dem Israel in einem dauerhaften Konflikt steht. Die »israelischen Araber« machen zwanzig Prozent der Bevölkerung des jüdischen Staates aus. Damit steht ein Fünftel der Staatsbürger unter Dauerverdacht, gegen den Staat zu agitieren, möglicherweise sogar mit Waffengewalt und Terror. Das geschieht auch immer wieder, wenngleich sehr viel seltener, als Rechtsnationale dies darstellen. Das Misstrauen gegenüber den arabischen Israelis wird geschürt und wächst, reziprok zu einer anderen Entwicklung: Mehr und mehr israelische Araber werden Teil der israelischen Kultur, ob sie wollen oder nicht, ob die jüdischen Israelis das wollen oder nicht.

In der Folge des Unabhängigkeitskrieges von 1948 standen die rund 150 000 Araber, die damals in Israel geblieben waren, bis 1966 unter Militärrecht. Mit den Idealen einer Demokratie, gar einer Demokratie *aller* seiner Bürger, hatte das natürlich nichts zu tun. Aber die Situation war einzigartig. Fünf arabische Armeen hatten sich 1948 gegen Israel verbündet und versucht, den jüdischen Staat zu zerstören, noch ehe er so richtig existierte. Im Verlauf dieses Krieges flohen rund 750 000 Araber aus dem Gebiet, das heute als Kernland Israels bezeichnet wird. Sie wurden von den Israelis vertrieben, es gab aber auch Aufrufe zur Flucht von arabischen Staaten, damit die arabische Armee durchmarschieren könnte, um die Zionisten zu vernichten. Doch nicht alle Araber flohen oder wurden vertrieben. Einige blieben, manche kehrten nach dem Krieg zurück. Auch wenn sie noch viele Jahre dem Militärrecht unterstanden, weil man nicht so recht wusste, ob man ihnen trauen kann, und man sie auf diese Weise besser kontrollieren konnte, so gewährte Israel von den 150 000 Arabern nach dem Waffenstillstand 60 000 sofort die Staatsbürgerschaft. Andere bekamen sie etwas später, sie mussten erst bestimmten Kriterien entsprechen. Wenn es nach David Ben Gurion, dem Staatsgründer und ersten Premier Israels, gegangen wäre, dann hätten diese 150 000 Menschen die Staatsbürgerschaft nie bekommen: »Diese Araber sollten hier nicht leben. Jeder, der glaubt, dass die Araber ein Anrecht auf die Staatsbürgerschaft im jüdischen Staat haben, meint damit, dass wir de facto unsere Koffer packen und gehen sollten.« Das war derselbe Ben Gurion, der noch 1937 auf dem 20. Zionistenkongress von »*einem* Gesetz für den Fremden und den Staatsbürger« gesprochen hatte, der erklärte, dass der »jüdische Staat ein Vorbild für die Welt im Umgang mit Minoritäten und Ausländern« sein werde. Ben Gurion wurde bei der Frage, ob man den in Israel verbliebenen Arabern die Staatsbürgerschaft geben solle oder nicht, von seiner eigenen Partei, der Mapai, überstimmt. Das liberal-demokratische Prinzip hatte die ethno-nationale Überzeugung niedergerungen, eine Auseinandersetzung, die sich durch die gesamte Geschichte Israels ziehen wird.

Theodor Herzl hatte dazu in seinen Texten eine viel klarere und eindeutigere Haltung. Er träumte von der absoluten Gleichberechtigung der arabischen Bürger im jüdischen Staat, die sich am Aufbau des Gemeinwesens genauso beteiligen sollten wie die Juden. In seinem Roman »Altneuland« betont Herzl, dass auch Nichtjuden völlig gleichberechtigt in diesem Staat leben sollen und dürfen. Religion sollte in seinem Staat keine große Rolle spielen und wenn, dann ebenfalls mit den gleichen Rechten, parallel nebeneinander. Bei dem Sedermahl, dem ersten Abend des jüdischen Pessachfestes, das im Hause von David Littwak stattfindet, einem der jüdischen Protagonisten des Romans, sitzen Christen und auch dessen Freund, der Türke Reschid Bey, selbstverständlich mit am Tisch.

Doch Ben Gurion lebte 1948 und nicht wie Herzl vor der Staatsgründung. Er ahnte möglicherweise schon damals, welche Konsequenzen sich aus diesem Schritt – der Staatsbürgerschaft für die Araber – für die Zukunft ergeben könnten, ergeben würden. Ihm ging es um den Erhalt der jüdischen Identität des Staates, um das Überleben des jüdischen Volkes. Nach der Shoah, die zwar nichts mit der Entstehungsgeschichte des Zionismus zu tun hatte, die der Gründung Israels jedoch unmittelbar vorausging und den Willen der internationalen Staatengemeinschaft, den Juden einen Staat zu gewähren, sozusagen »intensiviert« hat, wurde dies zur höchsten Priorität der israelischen Politiker in Palästina, die nun wussten, dass das europäische Judentum so gut wie ausgerottet worden war. Was Ben Gurion möglicherweise schon damals voraussah, waren die komplexen Folgen dieses schwierigen Zusammenlebens zwischen Juden und Arabern.

Die Versuche, zwischen Palästinensern und Israelis Frieden zu schaffen, sind inzwischen komplett gescheitert, trotz des berühmten Handschlags zwischen Yassir Arafat und Yitzhak Rabin 1993 im Rosengarten des Weißen Hauses in Washington, als das Oslo-Abkommen unterschrieben wurde und die Hoffnung aufkeimte, es könne eine Zwei-Staaten-Lösung geben. Seitdem hat sich die Situation ständig verschlechtert und beide Seiten wurden immer unbeweglicher und starrer, und mehr und mehr Israelis sagen, die Palästinenser wollten in Wirklichkeit eine Anderthalb-zu-einer-halben-Staaten-Lösung. Was damit gemeint ist? Es war Palästinenserpräsident Mahmud

Abbas, der vor einigen Jahren öffentlich verkündete, dass in einem palästinensischen Staat niemals Juden leben dürften. Aha, sagte man sich in Israel, aber die Palästinenser dürfen in Israel leben? Und wollen noch totale Gleichberechtigung haben? Für die Palästinenser also anderthalb Staaten, für die Juden nur noch ein halber, und schließlich gar kein Staat mehr, weil sie demografisch untergehen würden? Immer mehr Israelis sind inzwischen davon überzeugt, dass es den Palästinensern, selbst den sogenannten moderaten, nicht um 1967, sondern um 1948 geht, mit anderen Worten: um ganz Israel. Der gesamte jüdische Staat soll verschwinden, egal, welche Grenzen er hat.

Juni 2021. Nach zwölf Jahren musste Premier Benjamin Netanyahu sich geschlagen geben und abtreten. Zwei Jahre hatte er sich gewehrt, zwei Jahre hatte er das Land in vier Wahlkämpfe gezwungen, weil es ihm nicht gelungen war, eine dauerhafte Regierung zu bilden, oder weil er seine Regierung auflöste in der Hoffnung, nach einer erneuten Wahl bessere Ausgangsbedingungen für Koalitionsverhandlungen zu haben. Beim letzten Mal hatte er sich verzockt. Verzweifelt versuchte der Premier, der sich seit 2020 wegen mutmaßlicher Korruption in drei Fällen vor Gericht zu verantworten hat, an der Macht festzuhalten. Vor der vierten Wahl in zwei Jahren war die sogenannte »Joint List«, eine Wahlliste, die sich aus vier arabischen Parteien zusammensetzte, auseinandergebrochen, angeblich hatte Netanyahu mit dazu beigetragen. Mansour Abbas, der Führer der Ra'am-Partei, die den Muslimbrüdern nahesteht, hatte sich zum Alleingang entschlossen. Netanyahu ahnte, dass es auch bei der vierten Wahl keine vernünftige Mehrheit für ihn geben werde. Seine Lösung: ein

Tabubruch. Denn noch nie in der Geschichte Israels hatten jüdische Parteien in Erwägung gezogen, eine arabische Partei in eine Koalition zu holen. Als Yitzhak Rabin seine Friedenspolitik in den Neunzigerjahren auch mit der Hilfe der arabischen Opposition durchsetzte, wurde ihm von der Rechten jegliche Legitimität abgesprochen. Er habe keine echte jüdische Mehrheit gehabt, hieß es damals. Auf einmal sollte das alles für Netanyahu nicht mehr gelten. Nach den Wahlen im Frühjahr 2021 umgarnte er daher Mansour Abbas. Dieser hatte sich entschieden, einer zionistischen Regierung beizutreten. Er wollte sich seiner Wählerschaft als pragmatischer Politiker präsentieren. Man lebe nun einmal in Israel, die Lage der arabischen Staatsbürger sei strukturell nicht gut, wenn man etwas erreichen wolle, müsse man Teil des Systems werden, Teil der Regierung, so Abbas. Er entschied sich schließlich gegen Netanyahu und für Naftali Bennett und Yair Lapid. Zusammen mit sieben anderen jüdischen Parteien, von denen manche stramm rechts standen, wurde eine Koalition gebildet. Sie hielt nur anderthalb Jahre, aber sie war ein Novum, eine Besonderheit, die viele Schwächen und Stärken Israels aufzeigte.

Die Stärke war offensichtlich. Das einzige verbindende Glied dieser Parteien von ganz links bis ganz rechts war die gemeinsame Abscheu vor Netanyahu, der – so ihre Überzeugung – die Demokratie und den gesamten Staat mit sich in den Abgrund reißen würde, um nur ja nicht in den Knast wandern zu müssen, falls das Gericht ihn eines Tages wegen Korruption schuldig sprechen würde. Immer wieder hatte Netanyahu in den letzten Jahren seiner Amtszeit, und erst recht, nachdem Generalstaatsanwalt Avichai Mandelblit offiziell Anklage gegen ihn erhoben hatte, vom »tiefen Staat« gesprochen, einer Verschwörungstheorie, derer sich viele Populisten bedienen, um ihre Anhänger gegen die Institutionen des Staates aufzuhetzen. Da wird dann über irgendwelche geheimen Mächte geraunt, die den Staat in Wahrheit beherrschten und lenkten, man selbst als Führer des Staates sei nur Opfer. Ein Skript, das populistische Politiker gerne für sich nutzen, um ihre Macht zu konsolidieren. Trump tat es, Erdoğan in der Türkei auch. Genauso Netanyahu, der in einem der Wahlkämpfe überdimensionale Banner im Land aufhängen ließ, auf denen man ihn mit Donald Trump oder mit Wladimir Putin sah. Darunter stand als Slogan, dass er »in einer anderen Liga« spiele als alle anderen israelischen Politiker.

Mit der Mär vom »tiefen Staat« erklärte der demokratisch gewählte Premier eines demokratischen Staates seiner Gefolgschaft, dass Justiz, Politik, Medien und die Linke ein Komplott gegen ihn geschmiedet hätten, um ihn zu Fall zu bringen. Dass sich der Staat also gegen ihn, den legitimen, gewählten Premier Israels wende. Netanyahu konnte so vorgehen, da das israelische Gesetz im Falle einer Anklage eigenartige Prinzipien hat. Jeder Minister muss in so einem Fall sofort sein Amt niederlegen, nicht aber ein Premier. Der Gedanke hinter diesem Gesetz: Man wollte sichergehen, dass der Staat im Fall einer militärischen Krise oder Konfrontation nicht plötzlich »kopflos« wäre. Ein Gesetz, das längst einer Revision bedürfte. Doch so konnte Netanyahu trotz der Mutmaßung, dass er möglicherweise korrupt ist, im Amt bleiben – und an der Glaubwürdigkeit der Demokratie kratzen. Hinzu kommt eine Verdrehung der Tatsachen über die politischen Verhältnisse von heute. Knapp dreißig Jahre hatte die Arbeitspartei nach der Staatsgründung in ihren verschiedenen Formen die Macht in Israel inne. Als der Oppositionspolitiker Menachem Begin vom rechten Likud 1977 Premier wurde, gelang ihm das auch, weil er die Wählerschaft der Juden, die aus muslimischen Ländern und Nordafrika stammten, an sich binden konnte. Wie sie, so Begin damals, werde auch er von der europäischen linken Elite unterdrückt. Netanyahu, der genauso wie Begin in Wirklichkeit als Absolvent der MIT in den USA selbstverständlich zur »europäischen«, das heißt aschkenasischen Elite gehört, behauptet mit seinem »Tiefer Staat«-Populismus, dass auch er »verfolgt« werde. Doch die Rechte hat längst eine Mehrheit und die Macht im Staat. Die sogenannte Linke ist heute nur noch ein Schatten ihrer selbst. Im Glücksfall kommen Meretz und Avoda, die beiden linken Parteien, zusammen auf gerade mal noch 10 bis 13 Mandate in der Knesset, und wie sich nach der letzten Wahl am 1. November 2022 zeigte, nicht einmal mehr das. Meretz schaffte es nicht über die 3,25-Prozent-Hürde und die Arbeitspartei Avoda holte gerade mal vier Mandate, das unbedingte Minimum, um in der Knesset mit ihren 120 Abgeordneten vertreten zu sein.

Was an dieser Stelle vielleicht eingeflochten werden muss, ist ein Hinweis, wie problematisch die Verwendung der Begriffe »links« und »rechts« ist, denn man darf die deutsche Definition nicht auf Israel übertragen. Auch wenn die Mapai, der Vorläufer der heutigen Avoda, einst sozialistisch begonnen hat, auch wenn die Cherut-Partei, aus der dann der Likud entstand, sich dem revisionistischen Zionismus, einer militanteren Spielart des Zionismus, verpflichtet fühlte, begriff man lange Jahre »links« oder »rechts« nur als Frage, ob man für oder gegen einen Palästinenserstaat war. Die Wählerschaft der Parteien war und ist bis heute nicht immer allein durch

Ideologie an ihre Parteien gebunden, sondern vor allem durch ihre Herkunft – also grob, ob sie aschkenasische oder misrachische, also vor allem aus muslimischen Ländern und Nordafrika stammende Juden sind – aber auch durch den Grad ihrer Religiosität. Heute unterscheiden sich die meisten Parteien in ihren Programmen, vor allem wenn es um die Palästinenser oder andere Sicherheitsfragen geht, kaum noch voneinander. Die Unterschiede sind eher im zivilgesellschaftlichen Bereich zu finden, in der Innen- und Sozialpolitik.

Doch zurück zur Koalition der acht Parteien 2021. Sie einte also das Ziel, Netanyahu von der Macht fernzuhalten, im Interesse des Staates. Auf einmal ging unheimlich viel. Politiker, die niemals miteinander koalieren würden, koalierten. Linke und Rechte saßen miteinander am Tisch, aber eben mehr noch: Rechte Politiker saßen dort zusammen mit Mansour Abbas und den Seinen. Der Ton: höflich, selbst bei Meinungsverschiedenheiten ging es überwiegend zivilisiert zu. Um zu begreifen, was in Israel plötzlich möglich war, muss man sich eine solche Koalition im deutschen oder europäischen Kontext vorstellen – sie wäre undenkbar. In Israel aber war sie auf einmal Realität.

Das war umso erstaunlicher, als Netanyahu es war, der in seinen Jahren als Premier einen tiefen Graben zwischen seinen Anhängern und dem Rest des Volkes gerissen hatte. Linke wurden als »Antizionisten« verunglimpft, man war für oder gegen ihn, der politische Gegner wurde zum Feind, nicht zum Mitbewerber innerhalb eines demokratischen Systems. Entsprechend rüsteten Netanyahu und die Seinen, von denen viele noch sehr viel weiter rechts stehen als er selbst, auf. Verbal sowieso, aber auch ganz real mit Fäusten und Waffen. Tätliche Angriffe auf tatsächliche oder vermeintliche Linke waren bald keine Seltenheit mehr. Araber hassten diese extremen Rechten sowieso. Nach jedem Terroranschlag oder während eines Krieges liefen sie sogar durch die Straßen des liberalen Tel Aviv und brüllten »Maved le Aravim«, Tod den Arabern. Sie konnten das ungehindert tun, die Polizei griff nur ein, wenn sie jemanden attackierten, vor allem, wenn sie einen Juden angriffen. Wenn ein Araber Opfer eines solche Angriffes wurde und die Polizei gerade nicht anwesend war, ließ diese sich auch schon mal ein wenig Zeit, bis sie am Tatort erschien. Das berichteten mir viele meiner arabischen Nachbarn in Yafo (so der jüdische Name für Jaffa), als es während des Gaza-Krieges 2021 zu schwersten Auseinandersetzungen zwischen Juden und Arabern kam. In der Straße, in der ich lebte, wurden damals alle Autos angezündet, von arabischen Jugendlichen. Mein eigenes Auto stand zum Glück in der Garage, es blieb verschont. Die Situation war schrecklich. Und natürlich kamen jüdische Extremisten nach Yafo und provozierten. Es herrschten bürgerkriegsähnliche Verhältnisse, nicht nur in unserer Stadt, sondern auch in Ramle und Lod, in Akko und anderswo, es gab sogar Tote. Für die islamistische Hamas, die in Gaza das Sagen hatte, war dies ein riesiger Erfolg. Sie hatte den vierten Gaza-Krieg seit 2008 eigentlich aus innerpalästinensischen Gründen initiiert. Denn Palästinenserpräsident Mahmud Abbas, der seit 2005 im Amt ist, aber nur für vier Jahre gewählt war, hatte seitdem immer wieder Wahlen angekündigt, doch noch jedes Mal im letzten Moment abgesagt, weil er wusste, seine Fatah-Organisation würde gegen die Hamas verlieren. So auch im Frühjahr 2021. Erneut hatte er freie Wahlen versprochen, erneut hatte er abgesagt. Die Hamas war wütend. Und suchte einen Weg, um ihm und seiner korrupten Regierung, der Palästinensischen Autonomiebehörde, einen Denkzettel zu verpassen. Die Israelis lieferten ihr dazu die Möglichkeit. Im Mai 2021 kam es in Jerusalem zu heftigen Auseinandersetzungen zwischen Palästinensern und israelischen Sicherheitskräften rund um die Al-Aksa-Moschee auf dem Tempelberg, den die Muslime Haram al-Sharif nennen, das edle Heiligtum. Die Hamas erklärte sich zum Hüter aller Palästinenser und aller muslimischen Heiligtümer unter israelischer Herrschaft. Sie suchte schon lange einen Weg, das Westjordanland, wo noch Präsident Abbas das Sagen hat, mindestens ideologisch zu übernehmen. Um zu zeigen, dass sie, die Hamas, die wahre Verteidigerin palästinensischer und muslimischer Interessen ist, feuerte sie mehrere Raketen in Richtung Jerusalem ab. Israel reagierte umgehend. Da der jüdische Staat ganz Jerusalem als seine ewige Hauptstadt ansieht und sich daher im Recht sieht, auch mit Waffengewalt überall für Ruhe und Ordnung zu sorgen, sah er sich »gezwungen« zu reagieren. Niemand sollte Israel vorschreiben können, was es in seiner Hauptstadt macht, schon gar nicht die Hamas. Es kam zum Krieg, der dem damaligen Noch-Premier Netanyahu nicht ganz unwillkommen war, da er Mühe hatte, sich in seinem Amt zu halten. So ein Krieg aber versammelt die ganze Nation hinter ihrem Regierungschef. So hoffte Netanyahu – wenngleich vergeblich, Naftali Bennett wurde schließlich neuer Premier.

Ein Ergebnis dieses Krieges waren die schlimmsten arabischen Unruhen innerhalb des Kernlandes Israels seit Jahrzehnten. Unter den Augen der israelischen Sicherheitskräfte und des Inlandsgeheimdienstes war es der Hamas und den

Imamen, die ihr nahestehen, gelungen, eine neue Generation arabischer Israelis ideologisch auf die Seite der Hamas zu ziehen, und vor allem, sie davon zu überzeugen, dass sie sich einmischen müssen, wenn das palästinensische Volk in Gaza oder im Westjordanland unter Druck gerät oder gar angegriffen wird.

Für viele Israelis waren die Straßenschlachten in den arabischen Städten des eigenen Landes eine Bestätigung, dass die arabischen Bürger eine »Fünfte Kolonne« sind, dass man ihnen nicht trauen könne. In der Praxis der gemischten Städte sah dies allerdings ganz anders aus. Ali, der Besitzer eines kleinen Supermarktes gleich bei mir um die Ecke, kontaktierte mich beispielsweise sofort via WhatsApp. Alle Nachbarn in meiner Straße gründeten diese Chat-Gruppe, um sich gegenseitig zu unterstützen und zu helfen, Juden, Christen, Muslime. »Wenn du irgendwo nach Ajami musst, ruf mich an, ich bringe dich hin«, bot mir Ali an. Ajami ist ein Stadtteil Yafos, der immer schon besonders gefährlich war wegen der Drogenbandenkriege, in diesen Tagen aber für Juden noch viel mehr. »Und wenn du irgendwohin musst, nach Bat Yam oder auf ein Amt, gib mir Bescheid, ich gehe gern mit dir mit«, entgegnete ich ihm. In diesen Tagen waren die Zusammenkünfte auf der Straße unter den Nachbarn besonders herzlich. Wer hier wohnte, wollte nichts als Ruhe und eine gute Nachbarschaft. So war es auch in vielen anderen gemischten Städten. Es entstanden neue Initiativen und Projekte, die das Zusammenleben und das Verständnis füreinander fördern sollten und die sich zu anderen Formen der Ko-Existenz hinzugesellten. In meiner Straße gibt es schon sehr lange eine Schule für arabische und jüdische Kinder. Die beiden Töchter meiner Freunde Assaf und Shlomit besuchten sie und sprachen schon mit acht, neun Jahren fließend Arabisch. Heute leben sie in London, Shlomit hat dort einen Job angenommen. Sie sind froh, für eine gewisse Zeit den Spannungen im Nahen Osten entkommen zu sein. Die beiden Mädchen können sich dort aber mit den Nachbarn aus Libanon oder sonst wo unterhalten, das Arabische hilft auch in London.

Die Komplexität der Situation in Israel lässt sich an diesem Beispiel ganz gut aufzeigen. Denn der Konflikt ist nicht einfach der Konflikt. Es ist immer die Frage, auf welcher Ebene man ihn betrachtet. Es gibt so viele Ebenen, auf jeder stellt sich »HaMatzav« anders dar. Auf der persönlichen: Freundschaft, gute Nachbarschaft. Im Kulturellen: eine gewisse Angleichung. Shisha-Bars werden längst nicht nur von Arabern besucht, sondern auch von jüdischen Israelis, deren Familien aus dem Orient stammen, wenngleich man unterschiedliche Bars aufsucht, wo man sich nicht begegnet. Sogar junge Ashkenasim lieben inzwischen die Wasserpfeife. Im Religiösen: Man lässt sich überwiegend in Ruhe, man kennt und versteht die Gepflogenheiten des anderen. Judentum und Islam sind sich in vielen Traditionen und Regeln ähnlicher als Judentum und Christentum. Und auf der politischen Ebene? Da herrschte Pragmatismus. Etwa als Mansour Abbas sich im Mai 2022 gezwungen sah, für eine Zeit die Koalitionsbeteiligung »ruhen« zu lassen, um nicht mittragen zu müssen, wie die Sicherheitskräfte auf dem Tempelberg während der palästinensischen Unruhen gewaltsam einschritten. Dieser Schritt war mit Premier Naftali Bennett abgesprochen und von den religiösen Führern der Ra'am-Partei genehmigt worden. Abbas und die Seinen gehören zwar zu den Muslimbrüdern, aber zu jenen im südlichen Teil von Israel, die sehr viel friedfertiger und pragmatischer sind als die Muslimbruderschaft im Norden des Landes mit der Stadt Umm al-Fahm als Zentrum. Kaum waren die Unruhen vorbei, »trat« die Ra'am der Koalition wieder »bei«. Man muss nur kreativ sein, dann findet man im komplexen Kuddelmuddel des palästinensisch-israelischen Konflikts Lösungen.

Doch dann ist da schließlich der Blick »von oben«, das Makro. Die Frage, wie diese »ethnische Demokratie« mit ihrer Minderheit umgeht, welche Rolle die palästinensischen Bürger des jüdischen Staates spielen, spielen dürfen. Ja, dem Gesetz nach haben sie alle Individualrechte wie jüdische Bürger auch, aber jeder in Israel weiß, dass sie de facto benachteiligt werden. Dass sie strukturell schlechter gestellt sind als die jüdische Bevölkerung. Dass Staatsgelder mehr in jüdische Initiativen gesteckt werden als in arabische. Dass jüdische Dörfer eher neue Straßen und eine bessere Infrastruktur zugesprochen bekommen als die arabischen Dörfer. Die Rede ist hier von arabischen Dörfern innerhalb der Grenzen von 1967, wohlgemerkt.

Um das, was sowieso offensichtlich ist, noch einmal gesetzlich festzuschreiben, hatte sich die Regierung Netanyahu 2018 für die Verabschiedung des sogenannten »Nationalstaatsgesetzes« entschieden. Das Gesetz ist im Grunde überflüssig, denn es wiederholt Dinge, die längst in Stein gemeißelt sind, etwa die Tatsache, dass der Staat Israel einen jüdischen Charakter hat, dass er die »nationale Heimstätte des jüdischen Volkes« und Jerusalem die vereinte Hauptstadt ist. Dies wurde in diesem Gesetz noch einmal festgehalten, weil Islamisten zu jenem Zeitpunkt immer häufiger die Legitimation des jüdischen Staates in Zweifel zogen. Doch nicht nur sie. Die Boykottbewegung BDS, die auch viele europäische und amerikanische Intellektuelle anzieht, stellt ebenfalls die Frage nach der Legitimität Israels. Dieses Gesetz wollte dem etwas entgegensetzen. War bis dato Arabisch neben Hebräisch die zweite offizielle Sprache des Landes, so erhielt sie nun nur noch einen Sonderstatus, der im Gesetz nicht weiter definiert wird. Es erklärt außerdem, dass die Förderung jüdischer Siedlungen von nationalem Interesse sei. Die Betonung liegt auf jüdisch, nicht israelisch. Das Gesetz unterstützt den Bau und die Erweiterung jüdischer Siedlungen, die gefördert werden sollen. Mit anderen Worten: Arabische Siedlungen sind nicht von nationalem Interesse und damit, zumindest diesem Gesetz nach, auch nicht, sie zu fördern.

Das Gesetz war zugleich eine Reaktion auf ein Paper, das palästinensisch-israelische Rechtsanwälte, Intellektuelle und Politiker einige Jahre zuvor geschrieben hatten und das in arabischen Kreisen großen Zuspruch gewann: »The Future Vision of the Palestinian Arabs in Israel«. Dieses Dokument verlangte nicht nur eine Verbesserung und Gleichstellung der palästinensischen Bevölkerung bei der Verteilung von Rechten, Ressourcen, Fördermitteln, Sozialleistungen und vielem mehr. Es forderte die Anerkennung der palästinensischen Bürger als »homeland minority«. Der Staat sollte seine Verantwortung für die »Nakba«, die Vertreibung und Flucht der Palästinenser während des israelischen Unabhängigkeitskrieges 1948, zugeben und eine angemessene Restitution zahlen. Was diese »Future Vision« aber letztendlich fordert, ist die faktische Gleichstellung von palästinensischen und jüdischen

Bürgern. Israel solle endlich der »Staat aller seiner Bürger« werden, also ein klar liberal-demokratisches Prinzip. Auffällig an dem Paper ist, dass darin nicht einmal der Hauch einer Anerkennung des Staates Israel durch die arabische Bevölkerung vorkommt. Seine Existenz wird de facto hingenommen, aber anerkannt? Nein, das nicht.

Aus jüdischer Sicht ist diese »Future Vision« also lediglich die Wiederholung des Ewigselben. Den jüdischen Staat gibt es, aber die Palästinenser wollen ihn nicht akzeptieren. Und wenn es ihn schon gibt, dann muss er seinen jüdischen Charakter aufgeben, er muss sich selbst aufgeben und damit seinen ethno-demokratischen Charakter, der allein seine Existenz als jüdischer Staat garantiert. Hier beißt sich die Katze in den Schwanz. Warum sollen jüdische Israelis palästinensische Israelis zu hundert Prozent gleich behandeln, wenn diese dem Staat gegenüber nicht loyal sind? Demgegenüber steht: Warum sollen palästinensische Israelis dem Staat gegenüber loyal sein, wenn dieser es nicht zu hundert Prozent ihnen gegenüber ist? Dieses Dilemma scheint unauflösbar. Liberaldemokratisches Denken steht auch heute noch ethno-demokratischem Denken gegenüber. Der Gesellschaftsvertrag muss ständig neu verhandelt, der Ist-Zustand immer wieder neu justiert werden, um ein Zusammenleben irgendwie zu ermöglichen. Oder um es endgültig zu zerstören.

Viele liberale Israelis kritisierten das Nationalstaatsgesetz. Sie halten es für überflüssig und rassistisch. Doch nur eine Minderheit jüdischer Israelis würde die Forderungen der »Future Vision« unterstützen und dafür plädieren, Israel nicht mehr als jüdischen Staat zu definieren, sondern als »Ein Staat für zwei Völker«. Die Mehrheit, selbst wenn sie antirassistisch ist, wäre nicht bereit, Israel als jüdischen Staat aufzugeben. Oder, wie mein Freund Moshe es einmal formulierte: »Ich habe keine Lust, eines Tages nicht mehr am Kikar Rabin, am Rabinplatz, sondern am Kikar Arafat, am Arafatplatz, zu demonstrieren.« Der Kikar Rabin ist jener riesige Platz vor dem Rathaus mitten in Tel Aviv, wo 1995 der israelische Premier Yitzhak Rabin von einem jüdischen Fanatiker erschossen wurde. Ausgerechnet auf der größten Friedensdemonstration, die in Israel jemals stattgefunden hat. Das Oslo-Abkommen mit den Palästinensern war gerade zwei Jahre alt, Israel hatte begonnen, sich aus Teilen der besetzten Gebiete zurückzuziehen. Das passte der israelischen Rechten nicht. Morddrohungen gegen Rabin gehörten zum Alltag. In Jerusalem war es zu einer Gegendemonstration gekommen, auf der Plakate von Rabin in SS-Uniform gezeigt wurden. Einer, der auf dieser Demo gegen Rabin und das Abkommen wetterte: Benjamin Netanyahu. Ihm wurde lange vorgeworfen, dass er mitverantwortlich sei für die Ermordung des sozialdemokratischen Premiers. Netanyahu weist bis heute jede Verantwortung zurück und erklärt immer wieder, er habe die Plakate auf der Demo angeblich nicht gesehen.

1995 hieß der Rabinplatz in Tel Aviv noch »Platz der Könige Israels«. Doch nach der Ermordung wurde er zu Ehren des Premiers umbenannt. Dort kommen seit Jahrzehnten alle zusammen, die gegen oder für die Politik der jeweiligen Regierung demonstrieren wollen. Rechte und Linke, religiöse Orthodoxe und Atheisten, messianische Siedler und Kommunisten. Moshe, der politisch irgendwo links der Mitte zu finden ist und lange Jahre in der Armee einen Job machte, über den er nie reden durfte, spricht aus, was viele denken. Wo ist die Grenze? Wie viel kann, darf, soll man den palästinensischen Bürgern geben, ohne dass sie Israel komplett übernehmen? Kikar Arafat mitten in Tel Aviv? Eine Metapher für ein tiefsitzendes Problem.

Vor vielen Jahren, irgendwann in den Achtzigern, drehte ich einen Film mit dem großen israelischen Dichter Yehuda Amichai. Er sprach fließend Deutsch, er stammte aus Würzburg, wo er als Ludwig Pfeuffer geboren wurde. 1935, zwei Jahre nach der Machtergreifung Hitlers, war er mit seinen Eltern nach Palästina gegangen. Amichai hatte den größten Teil seines Lebens in Jerusalem gelebt und sich stets für ein Miteinander zwischen Arabern und Juden eingesetzt. Er war kein Rechter, absolut nicht. Doch auch er formulierte mir gegenüber einmal einen unvergesslichen Satz: »Für den einzelnen Palästinenser – alles. Für das palästinensische Volk als Ganzes – nichts!« Er bezog sich auf die Palästinenser in den besetzten Gebieten. Er fürchtete, dass ein Palästinenserstaat für Israel eine Bedrohung werden könnte. Dennoch müsse man dem einzelnen Menschen alle Individualrechte geben, die ihm zustehen. Amichai war ein Vertreter der Menschenrechte. Doch er wollte nicht kollektiven Selbstmord begehen. Ganz ähnlich sehen das heute die meisten Israelis, wenn es um die arabischen Staatsbürger geht, sie haben ja dieselben Individualrechte wie die jüdischen Israelis. Über die Palästinenser jenseits des Sperrzauns, in Judäa und Samaria oder in den besetzten oder befreiten oder palästinensischen Gebieten – jeder nennt diese nach seiner ideologischen Überzeugung – macht man sich in Israel schon lange keine Gedanken mehr. Sie leben dort aus gutem Grund unter israelischem Militärrecht, wie die meisten Israelis überzeugt sind (während die Siedler dort dem israelischen Zivilrecht unterstehen). Frieden mit den Palästinensern sei nicht machbar. Punkt. Die nicht-israelischen Palästinenser kommen den Israelis immer erst wieder ins Bewusstsein, wenn es plötzlich ein Attentat mitten in Tel Aviv oder Jerusalem, in Netanya oder sonst wo gibt. Dann ist die Aufregung groß. Doch bald geht der Alltag weiter. Was in den besetzten Gebieten geschieht? Niemand schenkt dem mehr große Aufmerksamkeit. Die täglichen Konfrontationen, die Schießereien, die Attentatsversuche, sie gehören zum Grundrauschen der israelischen Realität. Mit den Arabern im Land ist es anders. Die sind da. Und sichtbar. Was tun mit ihnen?

»Future Vision« – dieses Dokument war eine Reaktion auf ein Ereignis, das das Zusammenleben zwischen palästinensischen und israelischen Bürgern auf Jahrzehnte neu definieren sollte. Vor allem in den Neunzigerjahren ging es den arabischen Staatsbürgern zunehmend besser. Dieselbe Regierung Rabin, die mit Arafat einen Deal ausgehandelt hatte, begann den Bedürfnissen der arabischen Bevölkerung im eigenen Land immer mehr Aufmerksamkeit zu schenken. Doch mit dem Ausbruch der Zweiten Intifada im Jahr 2000, kurz nach dem Scheitern des Oslo-Friedensprozesses, als der einstige Generalstabschef und Sozialdemokrat Ehud Barak Premier Israels war, solidarisierten sich Teile der arabischen Israelis mit ihren Brüdern und Schwestern im Westjordanland und demonstrierten vor allem im »Meshulash«, im sogenannten »Dreieck« im Norden Israels rund um die Stadt Umm al-Fahm gegen das Vorgehen der israelischen Armee in den besetzten Gebieten. Der Norden Israels stand in Flammen, die Unruhen griffen rasch um sich. Die israelische Polizei war im Dauereinsatz und schoss mit Gummi-ummantelten Stahlkugeln auf die Demonstranten. Dabei wurden zwölf palästinensische Israelis und ein Palästinenser, der nicht israelischer Staatsbürger war, von der Polizei erschossen.

Die palästinensischen Israelis standen unter Schock und waren wütend. Israelische Sicherheitskräfte schießen auf israelische Bürger? Töten sie einfach? Ehud Barak, der schon während seines Wahlkampfs 1999 die arabischen Bürger außer Acht gelassen hatte, kümmerte sich auch nach seiner Wahl wenig um sie. Die Polizei versuchte, ihre Verantwortung für die Tötungen herunterzuspielen. Doch ein israelischer Kameramann, der direkt unterhalb der Scharfschützen gestanden hatte, um die Ereignisse für einen deutschen Sender festzuhalten, versicherte mir Jahre später, er habe den Schießbefehl mit eigenen Ohren gehört.

Der israelischen Regierung blieb keine andere Wahl, als eine Kommission einzurichten, die sogenannte Or-Kommission, benannt nach Theodore Or, einem Richter am Obersten Gericht des Staates. Im September 2003 wurde der Bericht vorgelegt. Er bestätigte, dass die palästinensischen Bürger sich diskriminiert fühlen, dass sie jedoch genau dieselben Bürgerrechte haben wie die jüdischen Bürger. Besonders interessant: Die Kommission beschrieb, dass der Gebrauch von Gummigeschossen innerhalb des Landes, wie im Westjordanland, wo die Sicherheitskräfte bei palästinensischen Unruhen ebenfalls mit solcher Munition auf die Demonstranten schieße, im Prinzip die sogenannte Grüne Linie, d. h. die Grenze von 1967, für null und nichtig erkläre. Der Bericht verurteilte den Einsatz von Gummigeschossen gegen Staatsbürger, verurteilte aber auch die wachsende Radikalisierung der palästinensischen Bevölkerung und verlangte von ihr, die Regeln des zivilen Protestes zu akzeptieren. Die Or-Kommission forderte Änderungen im Verhalten der Polizei und eine Entschuldigung des Premiers gegenüber den arabischen Bürgern. Barak entschuldigte sich für die Ereignisse erst 2019. Für die arabische Bevölkerung war das viel zu spät. Sie sah sich einmal mehr bestätigt, dass ihr Leben nicht so viel wert sei wie jüdisches.

Wie für viele arabisch-israelische Intellektuelle und Künstler, so ist auch für Sayed Kashua das Leben in Israel stets schwierig gewesen, umso mehr, als Autoren wie er auf eine überwiegend jüdische Leserschaft angewiesen sind. Sayed und ich kannten uns aus der Zeit, als er bei der linksliberalen Tageszeitung *Haaretz* eine Kolumne hatte und ich selbst für dasselbe Blatt immer mal wieder aus Deutschland schrieb. Damals lebte Sayed mit seiner Familie noch in Beit Zafafa in Jerusalem. Sayed trank gerne, aber das beeinträchtigte seinen Geist und seinen Witz, seinen zynischen Blick auf die komplexe Realität des jüdisch-arabischen Konflikts und des überaus schwierigen Zusammenlebens beider Völker innerhalb der Grünen Linie nicht im Geringsten. Eines Tages schenkte er mir seinen zweiten Roman *Da ward es Morgen*. Atemlos verschlang ich das Buch, die Geschichte eines jungen arabischen Israeli, der verzweifelt und erfolglos versucht, in der jüdischen Mehrheitsgesellschaft klarzukommen und akzeptiert zu werden. Irgendwann kehrt er in sein Dorf zurück. Doch auch dort hat er keine Zukunft. Präzise und schonungslos analysiert Sayed in dem Roman die Schwächen und Fehler auch der eigenen Gesellschaft. Arabisch-israelische Autoren und Kunstschaffende wie er befinden sich in einer Zwickmühle. Was sie zu sagen haben, ist an die jüdische Mehrheitsgesellschaft gerichtet. Aber nur dort können sie auch über Dinge schreiben, die vor allem in den konservativen Teilen der eigenen, arabischen Gesellschaft verpönt sind. Über Sex oder Missbrauch in arabischen Familien zu schreiben, ist auf Arabisch unmöglich, über die Fehler und Schwächen der eigenen Bevölkerung, die sich häufig als Opfer sieht und keine Verantwortung übernehmen will, kann einer wie Sayed, der kein Blatt vor dem Mund nimmt, nur auf Hebräisch, nur für Juden schreiben. Das galt natürlich vor zwanzig, dreißig Jahren noch viel mehr als heute. Auch die palästinensische Gesellschaft in Israel hat Wandlungen durchgemacht, die Filmemacherin Ibtisam Ma'arana hat in ihren Filmen nicht nur Tabus der eigenen Gesellschaft vor einem jüdischen Publikum thematisiert, sie ist inzwischen sogar mit einem Juden verheiratet und saß bis Ende 2022 als Abgeordnete der Arbeitspartei in der Knesset. Auch Ibtisam kenne ich seit vielen Jahren, wenngleich wir kaum noch Kontakt haben. Als sie ihren ersten Film vorstellte, holte sie ihre Eltern zur Premiere in die Tel Aviver Cinematheque, den Wallfahrtsort israelischer Cineasten. Ihre Mutter, eine gläubige Muslimin, die damals bereits einmal den Hadj gemacht hatte und nach Mekka gegangen war, konnte es nicht fassen, dass die Juden ihrer Tochter nach der Vorführung des Films mit tosendem Applaus zujubelten.

Sayed hat Israel längst verlassen. Irgendwann hatte er aufgegeben. Er glaubte nicht mehr an die Möglichkeit eines friedlichen Zusammenlebens von Juden und Arabern. Er suchte sein Glück in den USA, wo er immer noch lebt. Allerdings ist er aus dem israelischen Kulturleben nicht verschwunden. Er schreibt Drehbücher, arbeitet für TV-Serien und ist somit immer noch »präsent«. Sein Roman *Da ward es Morgen*, der in englischer Übersetzung 2006 erschienen war, hat ein schockierendes Ende. Ich konnte mich nach der Lektüre kaum beruhigen, ich musste mit Sayed reden. Ich hielt damals seine Vorstellung für völlig absurd und übertrieben. »Komm schon, das glaubst du doch nicht wirklich, was du da geschrieben hast, nicht wahr?«, ich wollte ihm nachweisen, dass er komplett übertrieben hatte. Doch er blieb dabei. »Du hast keine Ahnung. Es ist so wie es ist. Und es wird so kommen. Du wirst schon sehen, du liberaler Jude, der die Entwicklungen nicht sehen will.« Es war offensichtlich, Sayed nahm mich als Gesprächspartner nicht ernst. Ich konnte mir seine Vision wirklich nicht vorstellen: Der Protagonist des Romans bemerkt eines Tages, dass sein Dorf von der israelischen Armee umringt ist. Plötzlich gibt es auch keinen Strom mehr, niemand kommt mehr rein oder raus. Keiner weiß, was los ist. Irgendwann ist der Strom wieder da, die israelische Armee verschwunden. In einem Friedensvertrag zwischen Israelis und den Palästinensern hat man einen Landtausch vorgenommen. Das Dorf gehört jetzt plötzlich zum Staat Palästina. Israel hat sich »elegant« eines großen Teils seiner palästinensischen Bürger entledigt.

Keine zehn Jahre später machte Avigdor Lieberman, ein rechter Hardliner und Bewohner einer Siedlung im Westjordanland, mit genau dieser Idee Wahlkampf. Er wollte in einem Landtausch mit den Palästinensern die Grenzen Israels neu ziehen. Die großen jüdischen Siedlungsblöcke in den besetzten Gebieten sollten Teil des israelischen Staatsgebietes werden, dafür gäbe Israel den Palästinensern den gesamten »Meshulash«, das »Dreieck«, wo mehrere Hunderttausend arabische Staatsbürger leben. Sayed Kashua hatte recht! Natürlich wurde

Lieberman im Wahlkampf von allen Seiten beschimpft und angegriffen. Selbst rechte Politiker widersprachen ihm heftig. Seine Idee wäre damals sowieso nicht durchführbar gewesen. Ihr hätte eine völlige Neufassung der Bürgerrechte vorangehen müssen, die das Oberste Gericht Israels nicht akzeptiert hätte. Doch die Idee eines »Transfers«, ohne dass die Menschen ihr Haus, ihr Dorf, ihre Nachbarn verlassen müssen, hat sich längst in vielen Köpfen der radikalen israelischen Rechten eingenistet. Nein, auch heute wäre so ein Unterfangen nicht möglich, auch heute könnte der eben doch demokratische Staat dies weder juristisch noch politisch durchziehen, zumindest solange es noch ein unabhängiges Oberstes Gericht gibt. Lieberman hat dieses Thema längst aufgegeben. Doch Rechtsextremisten wie Itamar Ben Gvir mit seiner Partei Otzma Yehudit, der »Jüdischen Macht«, oder auch Bezalel Smotrich mit seiner Partei des »Religiösen Zionismus« hätten absolut nichts dagegen, aus der Idee Realität werden zu lassen. Dass sie in der israelischen Politik an Stimmen und Bedeutung gewonnen haben, bereitet nicht nur der arabischen Bevölkerung Sorgen. Ben Gvir, der mit großer Lust provoziert, ist in seinem offensichtlichen Vorgehen vielleicht noch radikaler als Smotrich, der strategischer, aber nicht weniger extrem plant. In Sheikh Jarrah, einem palästinensischen Stadtteil von Ostjerusalem, kommt es regelmäßig zu Zusammenstößen zwischen Arabern und Juden. Die arabischen Bewohner sollen ihre Häuser verlassen, damit jüdische Siedler dort einziehen können. Ein israelisches Gericht muss entscheiden, ob das rechtens ist. Es geht um komplizierte Besitzverhältnisse, die viel mit den Ereignissen während des Unabhängigkeitskrieges 1948 zu tun haben, als Juden und Araber aus ihren Wohnungen und Stadtteilen flohen und sich jeweils in den Westen oder Osten der Stadt retteten. Ausgerechnet dort, wo die Situation am brenzligsten ist, hat Itamar Ben Gvir als Knesset-Abgeordneter bereits 2021, aber auch 2022 ein »Büro für die Bürger« eröffnet. Das Büro: ein Tisch mit Stuhl mitten auf der Straße. Dass die Bürger dort nicht seine Wähler sind, versteht sich allein schon deshalb, weil die palästinensische Bevölkerung in Ostjerusalem die israelische Staatsbürgerschaft nicht besitzt und nur über eine blaue israelische ID verfügt. Diese ermöglicht ihnen zwar den Zugang zum israelischen Arbeitsmarkt und Sozialsystem, gibt ihnen Bewegungsfreiheit innerhalb Israels. Sie dürfen auch an Kommunalwahlen teilnehmen, jedoch nicht an Wahlen zur Knesset. Ben Gvir weiß das natürlich alles. Ihm geht es nur darum, auf aggressive Weise deutlich zu machen, dass Araber in Israel nichts zu sagen haben. Und mehr noch, dass Juden sich überall im Land aufhalten dürfen, selbst dort, wo sie nicht willkommen sind. »Wir sind die Hausherren hier!«, lautet seine Botschaft. »Wir machen, was wir wollen, und ihr habt zu kuschen«.

Während die ethnische Demokratie versucht, ein vorsichtiges Gleichgewicht zwischen den nationalen und kulturellen Interessen der jüdischen Mehrheitsgesellschaft einerseits und den berechtigten bürgerlichen Interessen der arabischen Minderheit andererseits zu wahren, geht es den Ben Gvirs um ein Dominanzverhalten, dass den Anderen, das Gegenüber einfach nicht sieht, nicht sehen will. »Folgerichtig« forderte er während des Wahlkampfes 2022, dass zukünftig Feinde des Staates Israel ausgewiesen werden können. Er bezog sich dabei in erster Linie auf den arabischen Oppositionspolitiker Ayman Odeh, aber auch auf einen jüdischen Politiker der kommunistischen Partei, der bei einer Demonstration einen israelischen Sicherheitsbeamten geohrfeigt hatte. Ben Gvir setzte nach, die Europäer suchen dringend Arbeitskräfte, die beiden Herren – und viele andere auch – könnten es sich ja dort gutgehen lassen.

Blickt man derzeit auf die Situation demokratischer Staaten, muss man sich weltweit große Sorgen machen. Ende der Neunzigerjahre waren es 72 Staaten, die auf dem Weg in die Demokratie waren, während nur drei sich in Richtung Autoritarismus bewegten. Im Jahr 2021 waren es gerade noch 15 Staaten, die sich politisch demokratisierten, wohingegen 33 allmählich in Richtung Autoritarismus schlitterten. Überall sind Demokratien bedroht und wackeln. In manchen europäischen Ländern wie Ungarn und Polen gibt es längst eine autoritäre Führung, die seit Jahren die demokratischen Strukturen ihres Landes zerstört. In anderen Staaten wie Italien gewinnen Faschisten Wahlen, in wieder anderen Staaten wie etwa Frankreich lauert die extreme Rechte auf ihre Chance bei den nächsten Wahlen. Und von den USA muss hier wahrlich nicht gesprochen werden. Die Demokratie steht dort auf der Kippe, erst die Präsidentschaftswahlen 2024 werden zeigen, ob der Verfall der größten Demokratie der Welt aufzuhalten ist. Israel befindet sich also in bester Gesellschaft, um es sarkastisch zu sagen. Doch man muss unterscheiden: Zwischen dem Rechtsruck und wachsendem Rassismus, der die Demokratie insgesamt bedroht, und der klaren Notwendigkeit Israels, eine ethnische Demokratie bleiben zu müssen, wenn der jüdische Charakter des Staates erhalten bleiben soll. Eine vollständig pluralistische Gesellschaftsform mit totaler Gleichstellung aller gesellschaftlicher Gruppen wird es in Israel nie geben, es wäre das Ende als Staat, wie er jetzt existiert. Das wird die jüdische Mehrheit nicht akzeptieren, selbst, wenn die Progressiven und Woken im In- und vor allem im Ausland das anders haben wollen. Aber wie schon gesagt, das Jüdische ist eine partikularistische Identität. Seit mehr als 3000 Jahren. Nur so hat das Judentum bis heute überlebt. Warum also ein Erfolgskonzept aufgeben, werden sich die meisten jüdischen Israelis fragen.

2 – Ist Israel ein Apartheidstaat?

Der Weg nach Jerusalem ist mühsam. Lange Zeit gab es von Tel Aviv aus nur eine Straße hinauf in die Stadt König Davids, die auf 800 Meter Höhe liegt. In der Geschichte des Zionismus ist diese Straße zur Legende geworden. Selbst wenn die heutige »Kvish Echad«, die »Straße Nummer 1«, eine breit angelegte Autobahn, nicht mehr identisch ist mit der legendären, engen Straße, die sich einst von Tel Aviv aus hinaufschlängelte in das religiöse und kulturelle Zentrum des Judentums, so ranken sich um sie viele Erzählungen und Geschichten aus der unmittelbaren Zeit vor und während der Staatsgründung. Viele politisch Interessierte glauben, der Unabhängigkeitskrieg habe mit der Ausrufung des Staates Israel, also am 14. Mai 1948 begonnen. Doch das stimmt nicht ganz. Spätestens nach dem UN-Teilungsplan von 1947 waren überall Kämpfe zwischen Juden und Arabern ausgebrochen oder hatten an Heftigkeit zugenommen. Dabei wurde Jerusalem schließlich von arabischen Truppen eingeschlossen und belagert, die rund 100 000 Juden in der Stadt saßen in der Falle und waren von anderen jüdischen Ortschaften komplett abgetrennt, wohingegen die Araber mit den umliegenden palästinensischen Dörfern bestens vernetzt waren. Der einzige

Weg, auf dem die jüdische Gemeinschaft in Jerusalem Nachschub wie Nahrung, Wasser, Benzin, Medizin und vieles andere bekommen konnte, war diese schmale Straße. Immer wieder versuchte der »Palmach«, die Eliteeinheit der prästaatlichen Untergrundarmee »Haganah«, Konvois mit Warengütern nach Jerusalem hinaufzuschicken. Doch die arabischen Truppen waren clever, sie postierten sich auf den Hügeln und Bergen des Umlands und schossen von oben auf die nur behelfsmäßig gepanzerten Fahrzeuge der Zionisten. Vor allem das Castel, das hoch über der »Straße 1« liegt und einst von den Römern und den Kreuzfahrern zur Festung ausgebaut wurde, war ein strategisch wichtiger Punkt für die arabischen Kämpfer, von dem aus sie den Juden schwere Verluste zufügen konnten. Als im April 1948 in Jerusalem schließlich das Wasser knapp geworden war, als die Not also immer größer wurde, entschieden die jüdischen Kämpfer in die Offensive zu gehen. Sie begannen feindliche arabische Siedlungen und vor allem das Castel zu erobern. Der Rest ist Geschichte: Die Israelis siegten, (West-)Jerusalem wurde befreit. Im Gedenken an den Befreiungskampf Jerusalems stehen bis heute einige historische Vehikel mit ihrer improvisierten Panzerung am Straßenrand der »1«. Sie sollen daran erinnern, dass die Schlacht um Jerusalem blutig, aber erfolgreich war. Der Mythos der unbesiegbaren israelischen Armee wird hier beschworen, und niemand vergisst, welche Opfer man bringen musste, um den Staat gründen zu können.

Lange Jahre war die neue »Straße 1« eine zweispurige Autobahn, immer überfüllt, immer voller Staus. Für die knapp siebzig Kilometer zwischen den beiden wichtigsten Städten des Landes, Tel Aviv und Jerusalem, benötigte man in der

Hauptverkehrszeit schon mal locker zwei Stunden. Eine Mühsal. Inzwischen wurde die Straße noch einmal massiv verbreitert. Doch zuvor, in den Achtzigerjahren, baute Israel eine zusätzliche Straße, die »443«, die wenige Kilometer nach Tel Aviv beginnt und den Verkehr entlasten sollte, was ihr aber bis heute nicht gelungen ist. Der Verkehr in Israel besteht inzwischen fast nur noch aus Dauerstaus.

Man fährt auf die »1«, zweigt dann irgendwann ab und ist schließlich auf der »443«, die nicht nur Jerusalem, sondern auch Siedlungen im Westjordanland mit der Stadt Modi'in und Tel Aviv verbindet. Sie führt in weiten Teilen durch besetztes Gebiet. Die Landschaft, durch die man fährt, ist atemberaubend, archaisch, ja: biblisch. Irgendwann fährt man an einem Tal vorbei, in dem König Shaul eine Schlacht geschlagen hatte, doch das ist nicht wirklich etwas Besonderes. Überall im Land kommt man an Schauplätzen biblischer Geschichte vorbei, im Westjordanland, wo sich das eigentliche biblische Israel befand, allerdings sehr viel mehr als in vielen Teil des modernen Staates Israel. Entlang der »443« sieht man in der herrlichen Berglandschaft palästinensische Hirten mit Schafherden und in Stufen gebaute Felder sowie Dörfer mit Moscheen und Minaretten. Zu den Gebetszeiten schallt der Ruf des Muezzins hinüber auf die Autobahn.

Lange Jahre weigerten sich vor allem israelische Linke, diese Straße zu benutzen. Man wollte nicht Teil des Besatzungssystems werden. Der Widerwille, sich sogar nur auf der »Durchfahrt« auf Besatzungsterritorium zu befinden, war in den Hochjahren der Friedensbewegung eine Grundsatzentscheidung und eine Form des Protestes. Doch nicht nur für die »443«, auch für andere Straßen wie die »Kvish 6«, die ebenfalls durch besetztes Gebiet führt und für die man sogar Maut zahlen muss, galt irgendwann die »normative Kraft des Faktischen«. Die Straßen sind bestens ausgebaut, sie durchschneiden das Land und lassen die Fahrer trotz des Verkehrs schneller ankommen, als wenn man die »politisch korrekten« Straßen benutzen würde. Irgendwann düsten auch Besatzungsgegner auf ihnen dahin, jüngere Generationen haben sowieso kaum noch das Bewusstsein, dass sie durch besetztes Gebiet fahren.

Obwohl die »443« also zunächst ein Politikum war, wurde sie lange Zeit von allen benutzt, Israelis und Palästinensern – gemeint sind die Palästinenser in den besetzten Gebieten natürlich. Jahrelang funktionierte das ohne Probleme, die Frage, ob diese Straße legitim war oder nicht, spielte im täglichen Leben der Menschen immer seltener eine Rolle. Man nutzte sie, sie war praktisch. Doch irgendwann begannen Palästinenser, Attentate auf der Straße zu verüben, die Nutzung wurde für Israelis lebensgefährlich. In der Folge begann man entlang der »443« Sicherheitszäune zu bauen, der Zugang für Palästinenser wurde an bestimmten Knotenpunkten über Checkpoints geregelt. Irgendwann hörten sie auf, die Straße zu benutzen, zeitweise durften sie das auch nicht. Der Weg wurde für sie zu beschwerlich, man suchte andere Strecken, um von A nach B zu kommen. Die »443« war eine »jüdische Straße« geworden. Ist das ein Zeichen von Apartheid? Ist Israel ein Apartheidstaat?

Die Situation im Westjordanland ist komplex. Nach dem Oslo-Abkommen von 1993 wurde die Einteilung des Gebietes in Gaza und im Westjordanland zwischen Israel und der PLO im sogenannten Oslo-II-Abkommen 1995 festgelegt. Das Westjordanland ist das Gebiet, das ideologische Siedler mit den biblischen Namen Judäa und Samaria bezeichnen. Es wurde in drei Areale geteilt. Da ist Area A, das eigentliche Palästinensische Autonomiegebiet, das vor allem die großen palästinensischen Städte und ihr jeweiliges Umland umfasst. Hier leben mehr als neunzig Prozent der Palästinenser im Westjordanland. Es untersteht allein der Verwaltung und Kontrolle der Autonomiebehörde von Palästinenserpräsident Mahmud Abbas und soll den Kern eines zukünftigen palästinensischen Staates ausmachen. Doch immer wieder dringt die israelische Armee in dieses Rumpfgebiet ein, wenn sie Terroristen sucht, wenn sie Widerstandszellen ausheben oder einen konkreten Attentäter nach einem Anschlag ausfindig machen will, nachdem der israelische Inlandsgeheimdienst Shin Bet herausgefunden oder auch Informationen von der Palästinensischen Autonomiebehörde erhalten hat, dass er sich im Autonomiegebiet versteckt hat. Häufig können oder wollen die palästinensischen Sicherheitskräfte nicht eingreifen, und so haben sie den Israelis, vor allem früher, freiwillig das Feld überlassen, so wurde das zwischen beiden Seiten verhandelt.

Und so geschah es auch etwa bei der Suche nach den drei entführten israelischen Jugendlichen, wegen deren Entführung 2014 schließlich der dritte Gaza-Krieg, genannt »Mivzah Zuk Eytan«, »Operation starker Fels«, ausbrach. Wieder einmal drangen israelische Patrouillen in der Nähe von Hebron in ein kleines Dorf ein, die palästinensische Sicherheitsbehörde war informiert. Ihre Männer verschwanden von der Straße, saßen in ihren Büros und ließen die israelischen Soldaten Häuser und Wohnungen durchsuchen. Was hätten sie auch schon tun können? Im Zweifelsfall sind die Israelis besser ausgebildet und ausgerüstet. Dazu aber kommt noch, dass die Sicherheitskräfte, die bis heute mit den Israelis kooperieren – allerdings seit Anfang 2022 die Kontrolle über Teile des Autonomiegebiets an die Islamisten und andere militante Gruppen wie »Die Höhle des Löwen« verlieren –, nicht als Kollaborateure von den eigenen Leuten verurteilt werden wollen. Wie sähe das aus, wenn ein Palästinenser mit einem Israeli gemeinsam eine Hausdurchsuchung machen würde? Es würde das sowieso sehr zweifelhafte Image dieser Sicherheitskräfte vollends ruinieren. Jeder weiß, dass sie gegen Islamisten vorgehen, dass sie in den letzten Jahrzehnten der israelischen Armee halfen Terroranschläge zu verhindern, dass man aber auch gewisse geheimdienstliche Informationen austauscht. Im Gegenzug haben die Israelis Präsident Abbas immer wieder vor islamistischen Komplotten gerettet, die vom Shin Bet aufgedeckt wurden.

Die Palästinensische Autonomiebehörde hat viele Feinde in der eigenen Bevölkerung. Da sind nicht nur Hamas und der Islamische Jihad, sondern auch viele andere Gruppierungen, Clans – oder Chamulot, wie sie im hebräischen Slang heißen –, die alle ihr eigenes Süppchen kochen und wahrlich keine Freunde von Mahmud Abbas sind. Die Israelis helfen ihm also an der Macht zu bleiben, die Palästinenser helfen den Israelis Terror zu verhindern. Eine Hand wäscht die andere. Aber so richtig physisch bei einer Hausdurchsuchung des zionistischen Erzfeindes dabei sein? Im Autonomiegebiet? Das wollen die palästinensischen Sicherheitskräfte natürlich nie und nimmer.

Area B hingegen ist ein Gebiet, in dem die Palästinenser zwar ebenfalls die administrative Verantwortung haben wie in Area A, in der aber Israelis und Palästinenser gemeinsam für die Sicherheit zuständig sind und auf Patrouille gehen. Das ging lange ziemlich gut, dann kam und kommt es immer wieder zu Krisen, ausgelöst durch politische Entscheidungen beider Seiten, bis man sich wieder auf einen Modus Operandi verständigt hat. Und schließlich gibt es Area C, das rund sechzig Prozent des gesamten Westjordanlands ausmacht und von den Israelis allein verwaltet wird. Hier befinden sich die größten jüdischen Siedlungen und vergleichsweise wenig Palästinenser, man schätzt die Zahl auf knapp 300 000. Rechte israelische Politiker sprechen immer wieder davon, dieses Gebiet komplett annektieren zu wollen, in früheren Jahren hatte der spätere Premier Naftali Bennett sein Parteiprogramm mit dieser Idee »geschmückt«. Interessant war, dass er den Palästinensern, die auch nach einer Annexion in Area C leben oder leben wollen, die israelische Staatsbürgerschaft geben wollte, ein Schritt, den allerdings viele rechtsnationale und rechtsextreme Politiker niemals mittragen würden.

Es besteht gar kein Zweifel daran, dass die Lage im Westjordanland höchst problematisch ist. Während die jüdischen Siedler dem israelischen Zivilgesetz unterstehen, sind die Palästinenser dem Militärrecht unterstellt. Ihre Bewegungsfreiheit ist eingeschränkt, es gibt Schikanen, Vertreibungen, Verhaftungen, Landenteignungen, keine ordnungsgemäßen Gerichtsverfahren und, ja, auch das: Straßen für Palästinenser und Straßen für Juden. Aus Sicherheitsgründen, heißt es. Und in vielen Fällen ist das tatsächlich ein Argument, das man nachvollziehen kann, unabhängig von der Frage, ob die Besatzung völkerrechtswidrig ist oder nicht. Aber ist das nicht dennoch ein klarer Fall von Apartheid?

Wenn man online in der Encyclopaedia Britannica nachliest, dann wird Apartheid dort wie folgt beschrieben:

»Apartheid (Afrikaans: »Apartness«). Politik, die die Beziehungen zwischen der weißen Minderheit und der nichtweißen Mehrheit in Südafrika für einen Großteil der zweiten Hälfte des 20. Jahrhunderts regelte und die Rassentrennung sowie die politische und wirtschaftliche Diskriminierung von Nichtweißen sanktionierte.«

Am 1. Februar 2022 präsentierte Amnesty International einen Bericht, in dem sie Israel vorwarf, an den Palästinensern Apartheid zu verüben und somit ein Verbrechen gegen die Menschlichkeit zu begehen. Es ist nicht der erste Bericht einer Menschenrechtsorganisation, der die aktuelle Lage so beurteilt und erklärt, dass in Israel und in den palästinensischen Gebieten inzwischen der Zustand der Apartheid erreicht worden sei. Amnesty bezieht in seinem Apartheidsvorwurf auch die Tatsache mit ein, dass Israel den palästinensischen Flüchtlingen das völkerrechtlich verbriefte Rückkehrrecht verweigert. Ein solches Rückkehrrecht würde allerdings bei heute rund fünf Millionen palästinensischen Flüchtlingen de facto bedeuten, dass Israel aufhören würde zu existieren, die Juden wären auf einen Schlag in ihrem eigenen Staat eine Minderheit. 1948 waren ja bekanntlich »nur« etwa 750 000 Palästinenser aus dem umkämpften Gebiet geflohen oder vertrieben worden. Nach Vorstellungen von Amnesty, der BDS-Bewegung und anderen pro-palästinensischen Organisationen soll das Rückkehrrecht also auch auf alle Nachkommen der einstmals Vertriebenen angewandt werden. Es gibt Diskussionen darüber, ob das nach dem Völkerrecht zulässig wäre oder nicht. Auf alle Fälle wäre eine Durchsetzung dieser Maximalforderung das Ende des jüdischen Staates. Jeder also, der das Rückkehrrecht von fünf Millionen Palästinensern fordert, besteht damit auch darauf, dass den Juden ihr Selbstbestimmungsrecht genommen wird, dass Israel nicht existieren kann, nicht existieren darf.

Amnesty vergleicht Israel wohlweislich nicht mit Südafrika, sondern bezieht sich auf Definitionen von Apartheid, wie sie in der Rassendiskriminierungskonvention von 1965 und später in der Apartheidkonvention von 1974 sowie vom Internationalen Strafgerichtshof in Den Haag formuliert wurden. Dabei geht es insbesondere um drei Aspekte: Die Autoren des Berichts behaupten, Israel habe die Absicht, die Palästinenser dauerhaft zu dominieren, der jüdische Staat unterdrücke sie systematisch und es gebe darüber hinaus immer wieder unmenschliche Behandlungs- und Bestrafungsmethoden wie Administrativhaft, Folter sowie die Verweigerung bestimmter politischer und wirtschaftlicher Rechte, etwa den Zugang zu den eigenen Feldern. Eine Reihe der Vorwürfe sind durchaus ernst zu nehmen und lassen sich belegen. Doch der Ausgangspunkt des Berichtes von Amnesty ist angreifbar und mit den Realitäten *on the ground* in vielen Teilen nicht vereinbar.

Agnès Callamard, die Generalsekretärin von Amnesty, beeilte sich bei der Veröffentlichung des Berichts zu betonen, dass Israel in *allen* kontrollierten Gebieten eine Politik der »Segregation, der Enteignung und Ausgrenzung« verfolge. Amnesty nahm sich also das gesamte Gebiet zwischen Mittelmeer und Jordan vor und machte kaum einen Unterschied zwischen dem souveränen Staat Israel und dem in großen Teilen von Israel besetzten Westjordanland, gar nicht zu reden von Gaza, in dem die islamistische Hamas herrscht.

Nur ein Jahr zuvor hatten bereits zwei andere Menschenrechtsorganisationen, die israelische B'Tselem und Human

Rights Watch Israels Politik gegenüber den Palästinensern als »Apartheid« angeprangert. Selbst wenn Amnesty keinen Vergleich zwischen Israel und Südafrika machen wollte, der Begriff weckt selbstverständlich Assoziationen mit dem Land am Kap. Und er wird seit einigen Jahren rund um die BDS-Bewegung, die Israel mittels eines wirtschaftlichen, politischen und kulturellen Boykotts in die Knie zwingen will, zum weltweiten Kampfbegriff gegen den jüdischen Staat. Kein Wunder also, dass nach der Veröffentlichung eine internationale, heftige Diskussion um das Papier entbrannte. Hatte Amnesty eine seriöse Analyse abgeliefert oder nur ein weiteres ideologisch aufgeladenes Pamphlet, dem obendrein viele israelische Politiker vorwarfen, es habe antisemitische Untertöne?

Wie gesagt, methodisch ist der Bericht fragwürdig. Er unterscheidet zwar zwischen Israel und den besetzten Gebieten, aber tut dennoch so, als ob überall mehr oder weniger dieselbe juristische und faktische Sachlage herrsche. Schließlich behauptet Amnesty, Israel versuche seit der Staatsgründung, aggressiv die Interessen der jüdischen Bevölkerung auf Kosten der Palästinenser durchzusetzen. Yuval Shany, Professor für internationales Recht an der Hebräischen Universität in Jerusalem, sieht einen fundamentalen Fehler in dem von Amnesty benutzten Begriff »Apartheid«. Er verweist erst einmal darauf, dass die palästinensischen Bürger Israels de jure den jüdischen Bürgern gleichgestellt seien. Es gebe zudem seriöse Bemühungen, die Integration in vielen Bereichen voranzubringen. »Von einer konsequenten Unterdrückung seit 1948 kann nicht die Rede sein«. Zu dem Zeitpunkt, zu dem ich Shany kontaktierte, hatten wir keine andere Wahl, als unser Gespräch telefonisch zu führen, das Virus zwang uns dazu. Im

Gespräch streitet der Rechtsprofessor Rassismus und Diskriminierung arabischer Israelis überhaupt nicht ab. Aber Apartheid sei einfach Unsinn. Und tatsächlich gibt es in Israel einen arabischen Richter im Obersten Gericht, Araber haben Zugang zu höherer Bildung, sie können wählen gehen, schicken ihre eigenen Vertreter in die Knesset, und ja, zuletzt saß sogar eine arabische Partei in der Regierung. Tatsächlich stellt Israel Millionenbeträge bereit, um die Infrastruktur für die Palästinenser mit israelischer Staatsbürgerschaft zu verbessern. Wie schon beschrieben, es gab und gibt eine strukturelle Benachteiligung der arabischen Bürger. Aber ebenso das, zumindest bis zum neuesten Regierungswechsel Ende 2022, wachsende Bestreben, diese Ungerechtigkeiten auszugleichen, zumindest die Regierung Bennett nahm da noch einiges in Angriff. Ebenfalls eine relativ neue Entwicklung: Dass es unter den gebildeten arabischen Israelis eine wachsende Zahl gibt, die gerne Teil der israelischen Gesellschaft sein möchte. Im normalen Alltag gibt es sowieso schon längst den täglichen Kontakt zwischen Juden und Arabern. Ob das im Gesundheitswesen ist oder anderswo – kaum jemand denkt viel darüber nach. Wie etwa Fatma, die mich nun schon seit Jahren in der Filiale einer israelischen Krankenversicherung gegen Corona und Grippe impft. »Na, wie geht's dir, alles ok? Du bist doch der Journalist?« – »Ja, bin ich. Wie geht's deiner Familie?« – »Baruch HaShem« – sie verwendet den hebräischen, nicht den arabischen Ausdruck für ›gelobt sei Gott‹ – »alles in Ordnung«. Und dann wünscht sie mir einen friedlichen Shabbat, jagt mir den Grippe-Impfstoff in den rechten Arm und sagt zum Abschied: »Bleib gesund, und wenn du irgendwas brauchst, ruf einfach an, ich bin immer für dich da.«

Shany wird angesichts einer völlig anderen Realität über die ewigen Vorwürfe gegenüber Israel ungehalten: »Es gibt doch keine offiziell erklärte Apartheid-Politik des Staates, das lassen die Basic Laws gar nicht zu. Aber natürlich, wie es in einer demokratischen Gesellschaft üblich ist, streiten sich alle mit allen, was und wie viel man für den sogenannten ›arabischen Sektor‹ machen und investieren soll!« Das galt auf alle Fälle noch zum Zeitpunkt, als der Amnesty-Bericht erschien. Auch Shany ist im Grunde überzeugt davon, dass die Verfasser des Berichts mehr von ihren ideologischen Vorurteilen getrieben waren als von seriöser Recherche.

Kurz nach Erscheinen des Amnesty-Papers publizierte Shanys Kollege, der Rechtswissenschaftler und Vizepräsident des Israel Democracy Institute, Professor Mordechai Kremnitzer, einen Artikel in der linksliberalen Tageszeitung *Haaretz*. Wie Shany weist auch er in seinem Text darauf hin, dass Amnesty in seinen Anschuldigungen übersehe, dass die Lage in Israel heute nicht mehr die von 1948 sei. Und vor allem, dass es in den vergangenen Jahren und Jahrzehnten mehrfach den Versuch arabischer Staaten und der Palästinenser gab, Israel zu vernichten. Ein Aspekt, den der Bericht komplett außer Acht lässt.

Ungenau ist Amnesty auch in Sachen Gaza. In unserem Gespräch gibt Yuval Shany selbstverständlich zu, dass der Gazastreifen sich im Belagerungszustand befindet, Israel hat ihn in vielen Bereichen abgesperrt. »Doch Apartheid kann nur dort stattfinden, wo es Besatzung gibt. Die gibt es in Gaza nicht mehr«, definiert das Shany. Tatsächlich hat Israel Gaza im Jahr 2005 geräumt, alle seine Siedlungen aufgegeben und das Militär zurückgezogen. Die Antwort der Palästinenser auf diesen Rückzug – die »Hitnatkut«, wie man das auf Hebräisch nannte, was auf Deutsch am adäquatesten mit »Entflechtung«, »Abtrennung« übersetzt werden kann – kam prompt. Seitdem fliegen jährlich Hunderte und sogar Tausende Kassam- und andere Raketen auf die Zivilbevölkerung Israels, abgefeuert von der radikal-islamischen Hamas und dem Islamischen Jihad.

Nun gibt es bei vielen internationalen Organisationen und Völkerrechtlern die Ansicht, Israel sei nach wie vor Besatzungsmacht von Gaza, weil es von außen alles kontrolliere, insbesondere die Grenze. Dass auch Ägypten seine Grenze zu Gaza nach eigenem Gutdünken willkürlich auf- und zumacht, interessiert in diesem Zusammenhang niemanden. Doch de facto hat sich Israel aus dem Gebiet, wo rund 2,5 Millionen Palästinenser leben, zurückgezogen. Was aber wäre gewesen, wenn die Palästinenser keine Raketen auf Israel abgefeuert, sondern ihr Gemeinwesen aufgebaut hätten? Die internationale Staatengemeinschaft hatte nach dem Rückzug der Israelis den Palästinensern Millionenbeträge zugesichert. Doch statt Aufbau wählten die Palästinenser lieber den Weg der Zerstörung und der Gewalt, die Hamas verwendet die europäischen Gelder wahrlich nicht für die Unterstützung ihrer eigenen Bevölkerung. Doch das ficht viele NGOs und Menschenrechtsaktivisten in Europa nicht an. Sie verklären die Lage in Gaza, so wie sie gerne übersehen, wer und was die Hamas wirklich ist. Eine Terrororganisation auch gegenüber den eigenen Menschen, nicht nur gegen Israel.

Die Bedrohung der israelischen Bevölkerung, die von Gaza ausgeht, interessiert Amnesty also nicht, Israel ist als Besatzer für alles verantwortlich, selbst wenn in Gaza die Hamas die

Macht innehat und die Regierung stellt. In Israel gehen die Lehrmeinungen auseinander, ob Jerusalem noch als Besatzungsmacht juristisch verantwortlich gemacht werden kann. Shany vertritt eine Mehrheitsmeinung in Israel: »Zwar schließen sich die UN und andere Organisationen in ihrer Beurteilung der Lage dem Narrativ an, dass Israel nach wie vor für alles verantwortlich ist, was in Gaza geschieht. Doch viele internationale Experten beurteilen das anders. Wir sind raus aus Gaza«. Den letzten Satz betont Shany in unserem Telefonat besonders eindringlich.

Also herrscht nur im Westjordanland Apartheid? Dort ist die Besatzungsmacht ja nun wahrlich präsent. Leider sind viele Vorwürfe, die Amnesty macht, tatsächlich nicht von der Hand zu weisen. Israel verstößt gegen Menschenrechte, es verstößt auch nach gängigem Recht gegen die Auflagen, die der Staat als Besatzungsmacht zu befolgen hätte, etwa die verbotene Besiedlung besetzter Gebiete. Wie schon erwähnt, wird palästinensisches Land enteignet, die Palästinenser können in bestimmten Gegenden nicht bauen, in manchen Gegenden dürfen sie nicht einmal ihre Häuser aufstocken, wenn die Familie wächst. Sie müssen Gebiete verlassen, die willkürlich zu »militärischen Sperrzonen« deklariert werden.

Diese und viele andere Rechtsbrüche sind seit Jahrzehnten dokumentiert, es gäbe also genug anzuprangern. Doch selbst für das Westjordanland bezweifelt Yuval Shany, dass man den Begriff »Apartheid« anwenden kann: »Geht es hier ausschließlich um Diskriminierung und Unterdrückung? Sind alle Entscheidungen Israels tatsächlich rassistisch motiviert? Oder gibt es hier nicht auch Sicherheitsinteressen, sind hier nicht zwei Nationen im Kampf miteinander verstrickt, was völker-

83

rechtlich etwas ganz anderes ist als Apartheid?« Shany ist weit davon entfernt, die Menschenrechtsverletzungen, die im Westjordanland begangen werden, zu bestreiten. Doch das Urteil von Amnesty, so Shany, sei klar »einseitig und verfälschend«.

Der entscheidende Vorwurf, den Amnesty erhebt, ist die von Anfang an geplante und angebliche aggressive »Fragmentierung« von Land und Bevölkerung, also eigentlich seit 1948, seit der Staatsgründung. Zu Ende gedacht, bedeutet das, dass es ganz egal wäre, auf welche Grenzen Israel sich zurückziehen würde. Allein die Tatsache, dass Israel überhaupt existiert, wäre eine »Fragmentierung« Palästinas. Und die könnte nur aufgehoben werden, indem sich der jüdische Staat komplett auflöst. So überrascht es eben nicht, dass der Bericht das Rückkehrrecht der Palästinenser nach *ganz* Palästina befürwortet, die bekannte verklausulierte Formel für das Ende des jüdischen Staates.

Der Bericht von Amnesty ist symptomatisch für viele Versuche unterschiedlicher internationaler Organisationen, Israel komplett zu diskreditieren und den jüdischen Staat als »Apartheidstaat« darzustellen, um ihn zum Paria unter den Staaten zu machen. Es ist ein interessantes Phänomen, dass viele nur oder vorwiegend Israel sehen, wenn es darum geht, einen Staat als böse, nein, als »das Böse« darzustellen. Ein zutiefst antisemitisches Phänomen. In der gesamten Geschichte der Judenfeindschaft war der Jude nicht nur gehasst und abgelehnt, wie in einem rassistischen Kontext auch andere Gruppen. Der Jude wurde stets als »das Böse« schlechthin angesehen, das vernichtet werden muss, um die Menschheit zu befreien und zu erlösen. Die Kirchen dachten so (es sei denn die Juden unterzogen sich der Konversion), die Nazis sowieso, und seit

Jahrzehnten auch viele Muslime. Es war vor allem die Muslim-bruderschaft mit ihrem Vordenker Sayyid Qutb, die das europäische Weltbild vom Juden als »das Böse« in die islamische Welt brachten, beeinflusst durch den nationalsozialistischen Propagandasender Zeesen und die enge Verbindung des einstigen Großmuftis von Jerusalem, Haj Amin al-Hussaini, mit Adolf Hitler. Al-Hussaini, der vom Panarabismus träumte und die Juden aus Palästina vertreiben wollte, sah in Hitler den idealen Partner, um genau das zu erreichen.

Immer wieder weisen israelische Politiker darauf hin, dass all jene, die Israel ununterbrochen für alles Übel dieser Welt verantwortlich machen, die Menschenrechtsverbrechen in Syrien, Saudi-Arabien, Iran und vielen, vielen anderen Ländern mehr oder wenig mit einem Schulterzucken abtun. Die unsäglichste Rolle spielt in diesem Zusammenhang mit Sicherheit und nachweisbar der Menschenrechtsrat der Vereinten Nationen. Eine Statistik über den Zeitraum von 2006 bis Juni 2022 zeigt die Anzahl der Verurteilungen für bestimmte Länder in einer wahrlich einzigartigen »Hitliste«: Da ist Israel mit 95 Verurteilungen Spitzenreiter, gefolgt von Syrien mit gerade mal 38. Dann Nordkorea mit 14, Iran mit gerade mal 11 Verurteilungen, Eritrea ebenfalls 11, Venezuela 2 und Sudan 1.

Der UN-Menschenrechtsrat und viele andere Organisationen würden den sogenannten 3-D-Test für Antisemitismus nicht bestehen. Er wurde 2003 von Natan Sharansky entwickelt, damals Sozialminister Israels, der aber noch bekannter ist unter seinem ursprünglichen Namen Anatoli Schtscharanski. Er war einst als sowjetischer Dissident und Refusenik neun Jahre im Gulag. 1986 wurde er im Rahmen eines Agentenaustauschs auf der Glienicker Brücke in Berlin gegen einen sow-

jetischen Spion freigelassen und in den Westen abgeschoben.
Danach wanderte er nach Israel aus. Sein 3-D-Test wird inzwischen von vielen als wichtiges Kriterium zur Erkennung von Antisemitismus gebraucht. Die Europäische Stelle zur Beobachtung von Rassismus und Fremdenfeindlichkeit (EUMC) hat ihre Definition für Antisemitismus unter dem Einfluss von Sharanskys Thesen entwickelt, und selbst wenn heute die Antisemitismus-Definition der IHRA, der International Holocaust Remembrance Alliance, weltweit als gängige Arbeitsgrundlage verwendet wird, so ist der 3-D-Test, vor allem, wenn es um Israel geht, nach wie vor ein praktisches Werkzeug, um berechtigte Kritik an Israel von anti-zionistischer, anti-israelischer Propaganda zu unterscheiden. Die drei Ds sind: Dämonisierung, Doppelstandards und Delegitimierung.

- Unter *Dämonisierung* versteht Sharansky Vergleiche zwischen Israel und Nazi-Deutschland, Versuche, die palästinensischen Flüchtlingslager mit Auschwitz oder Gaza oder auch Hebron etwa mit dem Warschauer Ghetto gleichzusetzen. Aber auch Begriffe wie »Terrorregime«, »Kindermörder Israel« oder »Israel ist der kleine Satan«, wie das im Iran geschieht, sind solche Dämonisierungen, die auf alten antisemitischen Topoi basieren.
- Mit *Doppelstandards* sind Verhaltensweisen wie die oben erwähnten des UN-Menschenrechtsrats gemeint. Man kritisiert Israel wegen Menschenrechtsverletzungen, aber ignoriert ebensolche in vielen anderen Ländern beziehungsweise verurteilt andere Länder unverhältnismäßig weniger, selbst wenn

deren Verbrechen zahlenmäßig häufiger sind als die Israels.

- Und schließlich die *Delegitimierung*: Wenn Israel schlicht sein Existenzrecht und dem jüdischen Volk sowohl sein Selbstbestimmungsrecht als auch sein Selbstverteidigungsrecht abgesprochen werden,

In Berichten wie dem von Amnesty finden sich fast immer Elemente dieser Form des anti-israelischen Antisemitismus. Das ist nicht nur skandalös, sondern vor allem kontraproduktiv. Insbesondere die israelische Rechte nutzt dies für die eigene Propaganda, »beweist« mit Originalbeispielen ihrer Klientel, dass die Welt da draußen zutiefst antisemitisch sei. Die seriösen Argumente und berechtigten Kritikpunkte gehen dabei unter, kommen nicht an, haben keine Folgen.

Dahinter steht natürlich auch die grundsätzliche Frage, wem das Westjordanland eigentlich gehört. Das internationale Recht hat das längst entschieden. Und spätestens 1988, als der damalige jordanische König Hussein den Anspruch seines Landes auf das Westjordanland aufgab und es damit den Palästinensern überließ, ist klar, wem das Land zugesprochen gehört. Doch die Siedlerbewegung sieht das gänzlich anders. Dabei geht es nicht nur um die Thora und die »Tatsache«, dass Gott dem Volk Israel das Land verheißen hat und die Nachkommen heute, also die Juden, also Israel, ein Anrecht auf das Gebiet haben. Es gibt sogar eine durchaus irdische juristische Auslegung der Besitzverhältnisse, deren bekanntester Verfechter Elyakim Haetzni war, der 1926 als Georg Bombach in Kiel geboren wurde, 1938 mit seinen Eltern nach Palästina auswanderte, dort Jurist und schließlich Siedler in Kiryat

Arba wurde, einer radikalen Siedlung direkt neben Hebron. Im September 2022 starb er in Jerusalem. Das letzte Mal traf ich Haetzni vor mehr als zehn Jahren. Wir saßen auf der Terrasse seines Hauses in Kiryat Arba und er hielt mir in fließendem Deutsch einen langen Vortrag über seine juristische Sicht, was die Rechtmäßigkeit des jüdischen Siedlungsprojekts im Westjordanland angeht.

Der Ausgangspunkt für seinen Standpunkt ist die berühmte Deklaration des britischen Außenministers Lord Arthur Balfour 1917, in der er erklärte, dass Großbritannien die Errichtung einer »nationalen Heimstätte für das jüdische Volk« in Palästina unterstütze. Den Begriff »nationale Heimstätte«, im Original: »national home«, gab es in dieser Form juristisch damals nicht. Er war also vage. Und auch die Formulierung »in Palästina« ließ offen, wo überall in Palästina. Gleichzeitig wurde allerdings auch gefordert, dass die zivilen und religiösen Rechte der palästinensischen Araber gewahrt bleiben müssten. Was in Balfours Deklaration tatsächlich fehlte, war der Hinweis auf die politischen Rechte der Araber. Nach Ende des Ersten Weltkrieges beschloss der Völkerbund, die Vorläuferorganisation der UN, den Briten das Mandat über Palästina und Transjordanien zu übergeben. Das geschah in der San Remo Konferenz 1920. In dem Mandatsauftrag war die Schaffung einer nationalen Heimstätte für das jüdische Volk enthalten, was ihm einen Status verlieh, den Haetzni in seinem Gespräch mit mir als eindeutig »internationales Völkerrecht« interpretierte. Das Mandat war auf alle Fälle für die Briten rechtlich bindend. Dabei wurde damals deutlich gemacht, dass die Heimstätte der Juden nicht auf dem Territorium Transjordaniens, dem heutigen Jordanien, entstehen dürfe.

Transjordanien wurde damals zu »Palästina« gerechnet. Für diesen Teil des Landes hatte man andere Pläne. Doch das heute so umstrittene Westjordanland gehörte durchaus zu jenem Teil Palästinas, in dem eine jüdische Heimstätte errichtet werden könnte und dürfte, es war also nicht explizit als Staatsterritorium ausgeschlossen.

Noch ehe die Briten 1948 das Mandatsgebiet verließen, wurde am 25. Mai 1946 Transjordanien zum »Haschemitischen Königreich Transjordanien« und 1949 zum »Haschemitischen Königreich Jordanien« ausgerufen. Im Unabhängigkeitskrieg Israels 1948 gelang es den jordanischen Truppen, das Westjordanland zu erobern und zu kontrollieren. Am 12. Juni 1950 annektierte Jordanien das Westjordanland und machte es zu seinem Staatsgebiet. Dieser Schritt wurde lediglich von zwei Staaten weltweit anerkannt: von Großbritannien und Pakistan. Während Haetzni seinen Monolog hielt, begann er an dieser Stelle zu kichern: »Und nun schauen Sie mal, was 1967 geschah. Israel eroberte im Sechstagekrieg das Westjordanland. Und wem gehörte das damals? Niemandem. Denn vor dem Ersten Weltkrieg gehörte es zum Osmanischen Reich. Das aber hatte aufgehört zu existieren und hatte auch keinen Rechtsnachfolger. Die Briten hatten das Gebiet nur verwaltet, die Jordanier haben sich das Land unter den Nagel gerissen, was aber von niemandem anerkannt wurde. Also wem gehört das Land? Wem?«

Haetzni erwartete nicht wirklich meine Antwort, sondern machte nach einer Kunstpause gleich weiter: »Den Juden. Denn sie waren ja in ihre alte Heimat zurückgekehrt. Und das sah die Präambel des britischen Mandats auch so vor. Also, von welchen besetzten Gebieten reden wir eigentlich? Ist das sogenannte Westjordanland wirklich besetztes Gebiet? Ich habe da meine sehr berechtigten Zweifel.« Zufrieden lehnte sich Haetzni zurück. *Quod erat demonstrandum,* dachte er wohl still für sich.

Die israelische Regierung hat sich die von Haetzni referierte Interpretation zu eigen gemacht. Auf der Website des israelischen Generalkonsulats in München findet man beispielsweise folgende Erklärung:

> »Jüdisches Siedeln im Westjordanland [...] wird oft lediglich als modernes Phänomen dargestellt. Vielmehr gibt es jüdisches Leben in diesem Gebiet seit Jahrtausenden und wurde im Mandat für Palästina als legitim anerkannt [...] Nachdem ›die historische Verknüpftheit des jüdischen Volkes mit Palästina‹ und ›die Grundlagen für die Wiedererrichtung seiner nationalen Heimstätte‹ anerkannt wurden, legt das Mandat in Artikel 6 folgendes fest: ›Die Verwaltung Palästinas soll unter der Sicherung, dass die Rechte und die Lage anderer Teile der Bevölkerung nicht beeinträchtigt werden, die jüdische Einwanderung unter geeigneten Bedingungen erleichtern und in Zusammenarbeit mit der ›Jewish Agency‹ eine geschlossene Ansiedlung von Juden auf dem Lande, mit Einschluss der nicht für öffentliche Zwecke erforderlichen Staatsländereien und Brachländereien fördern.‹ [...] Einige jüdische Siedlungen, wie in Hebron, existierten in den Jahrhunderten osmanischer Herrschaft durchgehend, während [andere] Siedlungen [...] während der britischen Mandatsverwaltung vor der Gründung des Staates Israel in Übereinstimmung mit dem Völkerbundsmandat entstanden. [...] Das Recht von Juden, sich in diesen Gebieten anzu-

siedeln, und die erworbenen privaten Eigentumstitel für das Land konnten durch die jordanische Besatzung rechtlich nicht annulliert werden, da diese eine Folge der unrechtmäßigen bewaffneten Invasion Israels im Jahr 1948 war und international nie als rechtmäßig anerkannt wurde. Daher behalten solche Rechte und Urkunden bis zum heutigen Tage ihre Gültigkeit. Kurz gesagt, ist der Versuch, jüdische Gemeinschaften im Westjordanland als neue Form ›kolonialer‹ Siedlungen auf dem Land einer fremden Staatsmacht darzustellen, so unaufrichtig wie politisch motiviert.«

Selbst wenn die internationale Staatengemeinschaft sich dieser juristischen Lesart nicht anschließt und Israels rechtlichen Anspruch auf das Westjordanland negiert, so können all diejenigen, die Israel der Apartheid bezichtigen, zumindest nicht einfach so tun, als gäbe es dort keinen Konflikt zweier Völker, keine Kriege, als ob es keine Versuche gäbe und gegeben hätte, Israel zu vernichten oder die Zivilbevölkerung anzugreifen, wie dies aus Gaza die Hamas und der Islamische Jihad regelmäßig tun (und aus dem Libanon die schiitische Hizbollah, die im Dienste des Iran steht). Wer dies negiert, ebenso wie Israels Recht auf Selbstverteidigung, verweigert dem jüdischen Staat grundsätzliche Rechte, die jeder Staat besitzt. Ist das also völlige Realitätsverweigerung? Oder gar Antisemitismus? Der- oder diejenige muss sich auch darüber im Klaren sein, dass solche Argumentation und Agitation letztendlich den Palästinensern kein Jota helfen wird. Die Nichtkenntnis oder die bewusste Verweigerung, politische und historische Gegebenheiten anzuerkennen, machen Kritik an Israel mit

Sicherheit nicht gewichtiger. Und schon gar nicht glaubwürdiger.

Es ist allerdings bemerkenswert, dass sich der Begriff »Apartheid« längst auch in der innerisraelischen Diskussion etabliert hat. Dass eine israelische, links stehende Menschenrechtsorganisation wie B'tselem sich nicht scheut, von »Apartheid« zu reden, ist fast zu erwarten. Das Argument wird aber auch nicht wahrer oder falscher, nur weil es von Juden ausgesprochen wird. In der pluralistischen Diskussion innerhalb Israels sind solche Stimmen dennoch wichtig. Israelis müssen sie hören, sie dienen der Auseinandersetzung um ein Problem, das real ist und Millionen Menschen das Leben schwer macht. Ein Problem, von dem niemand weiß, wie man es wirklich lösen kann. Oder das niemand lösen will, egal ob Israelis oder Palästinenser. Denn – und auch das wird gerne von den Gegnern und Feinden Israels vergessen – auf der palästinensischen Seite ist echte Friedensbereitschaft, die Fähigkeit zum Kompromiss, ebenso wenig vorhanden wie auf der israelischen.

Wohin die Situation ohne eine politische Lösung führen kann, war jedoch vielen israelischen Politikern schon in der Vergangenheit durchaus bewusst. Dass die israelische Politik zumindest in den besetzten Gebieten in Richtung Apartheid läuft, davor warnten bereits Premiers wie Yitzhak Rabin, Ehud Barak oder Ehud Olmert. Sie alle nahmen den Begriff »Apartheid« in den Mund. Dies dürfe nicht die Zukunft Israels werden, man müsse den Schritt in die Apartheid unbedingt vermeiden. Ironischerweise sind es gerade die Rechten, die mit ihrem Traum von einem Staat Israel vom Mittelmeer bis zum Jordan eine Ein-Staaten-Lösung suchen, in der die Palästinenser entweder vertrieben oder als Menschen ohne Rechte in ihren Dörfern und Städten bleiben können, in irgendeiner Form von »Autonomie«. Oder aber sie werden als Bürger mit gleichen Rechten eingegliedert. Was wirklich geschehen soll und vor allem kann, das weiß so recht niemand. Und Vorsicht: »Die Rechten«, wie gerade eben formuliert, sind natürlich kein monolithischer Block. Während die Parteien Otzma Yehudit und Religiöser Zionismus von Itamar Ben Gvir und Bezalel Smotrich eindeutig extremistische Parteien sind, sind Politiker wie Naftali Bennett, wie Benny Gantz und Gideon Sa'ar, Avigdor Lieberman oder auch viele Politiker des Likud ganz anders zu bewerten. Dass sie alle für die Beibehaltung der Siedlungen sind, haben sie gemeinsam, selbst die Linke kämpft nur noch pro forma um einen Abzug aus den besetzten Gebieten.

Entscheidender ist, wie sie zur arabischen Bevölkerung Israels und den Palästinensern in den besetzten Gebieten stehen. Ayelet Shaked hätte als Innenministerin 2021 Israel sicher lieber ohne Araber gesehen als mit. Aber sie wusste, dass sie dazu die Gesetzeslage hätte ändern müssen, was so ohne weiteres nicht möglich war. Dass sie 2021 und 2022 die Familienzusammenführung von israelischen Arabern mit ihren palästinensischen Verwandten unterband, dass sie es also oft Ehepartnern aus den besetzten Gebieten unmöglich machte, zu ihren israelisch-arabischen Partnern in das Kernland Israel zu ziehen, ist ihre politische Agenda gewesen. Sie unterlief mit ihrem Vorgehen die Gesetzeslage, indem sie erklärte, das Innenministerium müsse jeden Fall einzeln prüfen. Aber anders als die Rechtsextremisten hätte sie das politische System nicht komplett umstürzen, wenngleich durchaus verändern wollen.

Bezalel Smotrich hingegen träumt ganz öffentlich von einem Staat, der nur noch nach der Halacha, dem jüdischen Religionsgesetz, geführt wird. Und während Benny Gantz, Gideon Sa'ar und andere die arabischen Staatsbürger nolens volens akzeptieren, hat Naftali Bennett als Premier den weitesten Weg zurückgelegt. Ja, auch Sa'ar, Shaked, Lieberman und Gantz saßen mit einer arabischen Partei in der Koalition. Doch Bennett als Premier pries immer und immer wieder seinen Partner Mansour Abbas und bemühte sich, obwohl ideologisch zunächst weit rechts stehend, ein Mann der Mitte zu werden, ein Premier für alle Bürger. Auch wenn die meisten arabischen Israelis das natürlich nicht glaubten und ganz anders sahen. Bennetts »Weg in die Mitte« hat ihn schließlich seine (jüdische) Wählerschaft gekostet. Sie verzieh ihm den »Verrat« nicht. Woraufhin Bennett, der gerade mal ein Jahr Premier war, seinen Hut nahm und sich erst einmal aus der Politik verabschiedete.

Was bei allen Unterschieden aber alle Rechten eint – und auch viele Politiker der »Mitte« –, ist die tiefe Überzeugung, dass ein Palästinenserstaat für Israel eine Katastrophe wäre. Natürlich sah und sieht auch Benjamin Netanyahu das so.

Als Donald Trump im Januar 2020 seinen Friedensplan, den sogenannten Jahrhundertdeal, für den palästinensisch-israelischen Konflikt vorstellte, lobte ihn der damalige israelische Premier Benjamin Netanyahu über den grünen Klee. Der Plan war absurd. Einerseits bot er den Palästinensern massive wirtschaftliche Unterstützung an. Trump versuchte sie über finanzielle Anreize und die Aussicht auf Wohlstand zu ködern. Andererseits sah sein Plan vor, dass die zerrissenen Gebiete, die im Augenblick in den Händen der Palästinenser sind, innerhalb eines israelischen Staates liegen würden, der dann rund herum existieren würde, er sprach den Israelis also einige Gebiete zur Annexion zu. Allein diese Idee wäre für die Palästinenser vollkommen inakzeptabel gewesen. Und es hätte bedeutet, da das palästinensische Gebiet ein großer Flickenteppich ist, dass die Palästinenser ständig durch israelisches Gebiet müssten. Die Folge: ein aufwendiges, teures, hochkompliziertes Checkpoint-System auf engstem Raum. Die Militärs und Sicherheitsexperten Israels schlugen die Hände über dem Kopf zusammen und wussten von vornherein, dass dieser Plan nicht umsetzbar war.

Die Welt zitterte dann allerdings, als Netanyahu ankündigte, er werde im Sommer »Gebiete« annektieren. Eine Möglichkeit wäre die Annexion des Jordantals gewesen, das kein israelischer Premier oder General je zurückgeben will, weil es aus militär-strategischen Gründen für Israels Sicherheit unverzichtbar ist. Netanyahu hatte dies schon einmal 2019 angekündigt. Weltweit also fürchtete man, Netanyahu könnte diesen Schritt im Sommer 2020 gehen. Doch »Bibi« ist nicht Putin. Jedem seriösen Beobachter war klar, dass er nur bluffte. Und wenn es nur aus finanziellen Gründen war.

Das Jordantal ist nicht nur wichtig zur Verteidigung Israels, es ist nicht nur das erste »Hinterland« nach der natürlichen Grenze, dem Jordanfluss. Es ist auch ein äußerst fruchtbares Gebiet, wo die meisten israelischen Siedlungen große Palmenplantagen bewirtschaften und Datteln ernten, die für Israel, aber mehr noch für den Export bestimmt sind. Mit wem auch immer man in diesen Kommunen spricht, keiner der Israelis dort ist ein ideologischer Fundamentalist. Die Menschen kamen hierher, weil sie die Landschaft wunderschön fanden, weil der Staat ihnen finanzielle Anreize bot, vor allem aber, weil sie überzeugt waren und immer noch sind, dass Israel es sich gar nicht leisten kann, das Jordantal je wieder aufzugeben. Man ist gekommen, um »für immer« zu bleiben. Gegen die Palästinenser hat man nichts, mit den Nachbardörfern kommt man überwiegend gut aus, viele Palästinenser helfen bei der Dattelernte oder sind sogar Verwalter und Vorarbeiter und tragen die Verantwortung für die Ernte.

In einem Café am Eingang einer Siedlung treffe ich Omar. Wir sitzen an einem langen Tisch, neben uns zwei jüdische Ultraorthodoxe, die auf der Durchreise nach Jerusalem sind. Man unterhält sich ganz ungezwungen, einer der Frommen kann Arabisch und palavert mit Omar in einem Mix aus dessen Muttersprache und Hebräisch, das der Palästinenser selbstverständlich auch spricht. Irgendwann sind wir allein. Und ich frage ihn, wie er das fände, wenn Israel diesen Teil des Landes annektieren würde. »Ich fände das gut!«, meint Omar ganz leger. Auch wenn ich so eine Antwort erwartet hatte, so kommt sie so locker, so leicht daher, dass ich nun doch ein wenig verblüfft bin. »Wieso?« frage ich ihn, »wieso?« Omar trinkt einen Schluck des heißen Kaffees mit Hel, mit Kardamom, zieht an seiner filterlosen Zigarette und argumentiert ganz sachlich: »Ich habe fünf Kinder und will, dass es ihnen gut geht, dass sie eine Zukunft haben. Einen palästinensischen Staat wird es zu meinen Lebzeiten nicht mehr geben, da bin ich mir sicher. Wenn Bibi«, auch Omar nennt den israelischen Premier bei dessen Spitznamen, »wenn Bibi uns annektiert, dann wäre das prima. Dann bekommen wir die blaue ID, wir wären gerettet.«

Die blaue ID. Das ist der Ausweis, den auch die Palästinenser in Ostjerusalem haben. Man ist nicht israelischer Staatsbürger, aber man hat den Zugang zum israelischen Sozialsystem und Arbeitsmarkt. Das sind auf alle Fälle bessere Lebensumstände als die, in denen Menschen wie Omar heute leben müssen. Doch spätestens jetzt war mir klar, dass Netanyahu das Jordantal nicht annektieren würde. Man schätzt, dass dort rund 30 000, vielleicht sogar 50 000 Palästinenser leben. Die würden alle mit einem Schlag ins israelische Sozialsystem einsteigen dürfen? Die Kosten wären ungeheuerlich für Israel. Und da viele dieser Menschen gesundheitlich angeschlagen sind, in den palästinensischen Krankenhäusern kaum oder nur schlecht versorgt werden, würden sie für das israelische Krankensystem im Nu ein enormer Kostenfaktor werden, den sich Israel nicht leisten will und kann.

Wozu also sollte Netanyahu oder irgendein anderer Premier, wenn er nicht ein fundamentalistischer Ideologe ist, auch nur irgendeinen Teil des Westjordanlands annektieren? De facto ist es ja bereits so. Und kostet den Staat so weniger, als wenn es offiziell gemacht würde, ganz abgesehen von den politischen Implikationen, die ein solcher Schritt erst einmal nach sich ziehen würde.

Doch genau solche »pragmatische« Überlegungen sind der Grund, warum in den besetzten Gebieten irgendwann, vielleicht sogar schon in naher Zukunft der »Apartheidszustand« tatsächlich eintreten könnte. Egal, ob Israel sich das Westjordanland offiziell einverleiben würde oder nicht. Schon jetzt ist die Gefahr groß, dass die Situation irreversibel ist. Mit der Fortsetzung des Siedlungsprojektes, der Ausweitung der Landnahme und dem fortgesetzten Verdrängen der palästinensischen Bevölkerung könnte eine Situation eintreten, die juristisch eindeutig wäre. Darüber hinaus wäre der »jüdische und demokratische« Staat Israel eines Tages entweder nicht mehr demokratisch – oder aber nicht mehr jüdisch. Wie dieses Dilemma gelöst werden soll? Die israelische Rechte, die Ultranationalisten und Rechtsextremen zumal, bleiben den Bürgern des Landes eine vernünftige Antwort schuldig. Oder nein – die Ultras haben sich längst entschieden und sagen es auch. Ihnen ist es wichtiger, dass Israel jüdisch ist. Auf Demokratie können sie verzichten. Und ihre Anhängerschaft wächst. Sie werden immer stärker. Die Revolution beginnt ihre Kinder zu fressen.

3 - Ist Kritik an Israel antisemitisch?

Es gibt keinen Staat auf der Welt, der immer noch um sein Existenzrecht kämpfen muss, wenn man die Ukraine derzeit mal ausnimmt. Deren Existenzrecht wird allerdings nur von einem einzigen Land in Frage gestellt: Russland. Aber im Prinzip wird kein Staat der Welt, auch nicht brutale und grausame Regimes wie eben in Russland, wie im Iran oder auch China angesichts ihrer Politik mit der Drohung konfrontiert, dass es ihren Staat nicht geben darf.

Selbst die Deutschen mussten nach dem Zweiten Weltkrieg 1945 nicht befürchten, dass man ihnen das Anrecht auf das Gebiet, das Deutschland heißt, streitig machen würde, wobei es durchaus Anhänger dieser Idee gab. Und ja, das ehemalige Ostpreußen gehört zum Beispiel seitdem nicht mehr zu Deutschland, was aber nichts Ungewöhnliches war und ist. In vielen Kriegen haben die Stärkeren Land erobert, übernommen, sich einverleibt. In der Zeit nach dem Zweiten Weltkrieg hat Tibet faktisch aufgehört zu existieren, China hat es einfach verschlungen, 2014 hat Putin die Krim »heimgeholt«, und während diese Zeilen geschrieben werden, hat der Diktator von Moskau Teile des ukrainischen Staatsgebietes annektiert. Und dennoch, dass ein Land sich wirklich darum sorgen muss, ob es überhaupt ein Recht hat zu existieren, das ist schon Israel allein vorbehalten.

Seit Jahren sieht sich Israel einer Delegitimierungskampagne ausgesetzt, die in ihrem Kern nur wenig mit der Besatzungspolitik zu tun hat. Die Kritik an der Besatzung ist das eine, daraus abzuleiten, dass Israel nicht existieren dürfe, etwas ganz anderes. Seinen Ursprung hat diese Anschauung im Vernichtungswillen der Araber ebenso wie in der rechtsextremistischen Endlösungsfantasie der Nazis. Unabhängig von der Frage, ob und wie die frühen Zionisten in Palästina vorgegangen sind, um ihren Staat Wirklichkeit werden zu lassen: Der Wunsch der arabischen Welt, dieses »zionistische Gebilde« vom Erdboden zu tilgen, war von Anfang an gegeben. Der Angriff mehrerer arabischer Armeen 1948 sollte den soeben gegründeten Staat Israel gleich wieder Geschichte werden lassen. Das misslang. Gamal Abdel Nasser von Ägypten wollte die Juden dann 1967 »ins Meer treiben«, auch er scheiterte. Palästinenserführer Yassir Arafat predigte den Kampf gegen Israel, später rief die Hamas zum Jihad gegen Israel auf und kämpft laut ihrer Charta bis heute für die völlige Vernichtung des »zionistischen Gebildes«. Und ebensolche Töne hört man aktuell vor allem aus Teheran, wenn man die regelmäßigen erratischen Ausbrüche des greisen Palästinenserpräsidenten Mahmud Abbas einmal beiseitelässt. Der Sound der totalen Vernichtung ist den Israelis also von jeher vertraut und führt seit Jahren dazu, dass die Rechte längst die Mehrheit der Gesellschaft repräsentiert und Teile davon immer militanter und aggressiver gegenüber Arabern (und Kritikern im eigenen Land) werden, wohingegen die Linke immer mehr an Bedeutung verliert. Nach dem Wahldebakel der Linken am 1. November mögen manche nun vollends zweifeln, ob es überhaupt noch eine Linke gibt, da sie kaum noch die 3,25 %-Hürde geschafft hat oder gar daran gescheitert ist wie Meretz.

Die extreme Linke der westlichen Welt dagegen verschafft sich immer mehr Gehör und wird gegenüber Israel immer aggressiver. Die sogenannten Progressiven und Woken der westlichen Welt kämpfen an der Seite der Unterdrückten eine merkwürdige Schlacht. Es geht ihnen nicht unbedingt nur um die Befreiung der Palästinenser von einem »kolonialistisch-imperialistischen« Besatzer, wie das in ihrer Sprache heißt, sondern es geht zugleich um das Ende dieses Besatzers, der sich seit hundert Jahren in ihren Augen widerrechtlich in Palästina festgesetzt und einen unrechtmäßigen Staat gegründet hat. Aber was, wenn dies gelänge? Würden dieselben Menschen dann den Massenmord an den Israelis oder deren Vertreibung als neues Unrecht beklagen? Würden sie die israelischen Flüchtlinge dann ebenso willkommen heißen wie im Herbst 2015 die arabischen Flüchtlinge in Deutschland, und noch viel herzlicher die ukrainischen Flüchtlinge 2022? Israelis wagen dies zu bezweifeln. Wo sind Juden denn schon wirklich willkommen? Und ist dieser »Israel-hat-zu-verschwinden«-Wille, dem sich so mancher westliche Verteidiger der Palästinenser verschrieben hat, nicht auch »inspiriert« vom Rassen- und Endlösungswahn der Nationalsozialisten? Die Grenzen sind fließend, und so ist es nicht immer einfach, genau festzulegen, was »linksextremistisch« oder »rechtsextremistisch« ist. Offensichtlich ist, dass die einen oftmals nur denken, was andere offen aussprechen. Das gilt inzwischen auch für Teile der »Mitte der Gesellschaft«. Wie gesagt, die

Grenzen sind fließend und oftmals schwer auszumachen. In den seltensten Fällen ist die Kritik an Israel sachlich fundiert. Sie ist eben häufig ein Mix aus uralten anti-kolonialistischen und anti-imperialistischen Ideologien, rassistischen Überzeugungen und einem völlig unreflektierten Blick auf die Welt und die eigene politische Position und Bedeutung. Allein die Tatsache, dass es auf Deutsch einen Begriff wie »Israelkritik« gibt, zeigt, dass man den jüdischen Staat grundsätzlich anders sieht als andere Staaten. Es gibt den Begriff »Chinakritik« nicht, auch nicht »Amerikakritik«, nicht einmal der Begriff »Russlandkritik« hat sich seit Beginn des Ukraine-Krieges herausgebildet.

Und so darf es auch nicht weiter verwundern, dass während des Gaza-Krieges 2014 überall in Europa Demonstrationen stattfanden, wo Linke und Islamisten gemeinsam gegen Israel protestierten. Und dass bei einer solchen Demonstration in Berlin »Hamas, Hamas, Juden ins Gas!« skandiert wurde, mag einen kaum noch überraschen. Das ist nicht nur in Deutschland so. Bei einer ähnlichen Demo damals in Paris wurde eine Synagoge angegriffen, nicht etwa eine Einrichtung des Staates Israel. Dasselbe wiederholte sich während des Gaza-Krieges 2021. Der Hass gegen Israel manifestierte sich in den sozialen Medien in einem Ausmaß, das das von 2014 noch übertraf. Wobei viele der Hass-Posts auf Instagram, Facebook oder Twitter absichtlich mit falschen Behauptungen arbeiteten oder mit völliger Unkenntnis der Fakten »gesegnet« waren, so etwa ein Post über Gaza, in dem angeblich überall noch jüdische Siedlungen seien. Aber seit 2005 sind alle Siedler und die Armee aus Gaza vollständig abgezogen.

Und auch das war immer wieder zu beobachten, in Großbritannien ebenso wie in Frankreich oder in Deutschland: Die Gleichsetzung der Juden, die Staatsbürger ihres jeweiligen Landes sind, mit Israel und Israelis. Auch 2021 gab es wieder zahlreiche Demonstrationen vor Synagogen, beispielsweise in Gelsenkirchen, wo Demonstranten »Scheiß Juden! Scheiß Juden!« skandierten.

Es passt ins Bild, dass die Charta der islamistischen Hamas Passagen aus dem antisemitischen Verschwörungspamphlet *Die Protokolle der Weisen von Zion* enthält, das im 19. Jahrhundert im zaristischen Russland entstand.

Seit Jahren hat die Delegitimierung Israels einen Namen: BDS. Die drei Buchstaben stehen für »Boycott, Divestment & Sanctions«, zu Deutsch: »Boykott, Investitionsabzug und Sanktionen«. Die BDS-Bewegung entstand um 2005 vor allem in den angelsächsischen Ländern, hauptsächlich in Großbritannien und natürlich in den palästinensischen Gebieten. Es war eine Art Dachverband, der über 170 NGOs, Gewerkschaften und andere Verbände zusammenfasste in ihrem gemeinsamen Kampf gegen Israel. Gegen Israel, wohlgemerkt, nicht nur gegen Israels Besatzungspolitik.

Die Boykott-Idee gab es allerdings schon viel früher, sogar schon in der Zeit vor der Staatsgründung Israels, als arabische Staaten den Yishuv, die prästaatliche jüdische Siedlung in Palästina, boykottierten. Der Palästinensisch-Arabische Kongress, die Interessenvertretung der Palästinenser im britischen Mandatsgebiet, hatte bereits 1922 einen Boykott jüdisch-zionistischer Waren, Güter, Geschäfte etc. beschlossen. Die Arabische Liga hatte 1945 den Boykott erneuert und in manchen arabischen Ländern gilt er gegenüber Israel bis heute. BDS als Idee ist also zunächst nichts Neues. Doch die Qualität der

BDS-Bewegung, die zunehmend in der westlichen Welt Anhänger findet, ist anders als die der arabischen Boykottbewegungen.

Der Vorläufer der BDS-Bewegung in Großbritannien war die Palestine Solidarity Campaign, die Anfang der 2000er-Jahre eine »Boycott-Israeli-Products«-Kampagne organisierte. Kein Geringerer als der spätere Labour-Führer Jeremy Corbyn hatte sich für diese Kampagne stark gemacht. Schon bald danach kam es zu einem Aufruf eines akademischen Boykotts Israels, ein Phänomen, das es bis heute gibt, in Großbritannien vor allem, inzwischen auch zunehmend in den USA. So löste im August 2022 eine pro-palästinensische Organisation an der University of Berkeley, California zu Beginn des akademischen Jahres eine Kontroverse aus, indem sie eine Satzung ankündigte, die Redner verbot, die den »Zionismus, den Apartheidstaat Israel und die Besetzung Palästinas« unterstützten. So geschehen an der Rechte-Fakultät der Universität. Neun Studentengruppen unterzeichneten die Satzung unter der Leitung des Campus-Kapitels der Students for Justice in Palestine. Es beinhaltete weitere anti-israelische Maßnahmen, darunter ein Bekenntnis zu BDS. Die Jewish Students Association des College erklärte, sie sei zu diesem Schritt nicht konsultiert worden, ein Schritt, der »viele jüdische Studenten von bestimmten Gruppen auf dem Campus entfremden« und Antisemitismus schüren könne. Der Vorfall, einer von vielen inzwischen, löste heftige Reaktionen aus, zahlreiche Organisationen positionierten sich gegen die Satzungsänderung, die Universität musste reagieren, der Skandal aber war da. Entscheidend an solchen Vorfällen ist, dass sie auch Juden, in diesem Falle amerikanisch-jüdische Studenten, diskrimanieren. Das ist das eine. Das andere ist die Totalität, mit der BDS agiert. Nämlich gegen ganz Israel, gegen alle Israelis.

Die französische Literaturnobelpreisträgerin des Jahres 2022, Annie Ernaux, hatte mehrfach Aufrufe gegen Israel unterschrieben, etwa, dass man die Übertragung des Eurovision Song Contest in Tel Aviv untersagen solle. Aber mehr noch: 2018 hatte sie gefordert, dass die Aufführung der Batsheva-Dance-Company aus Tel Aviv in Paris verhindert wird. Ihre Unterschrift ist buchstäblich als Akt eines pars pro toto zu sehen. Wer dieses Ballettensemble und deren Chefchoreografen Ohad Naharin kennt, weiß, dass diese Künstler, insbesondere Naharin, offen und laut gegen die Besatzungspolitik des eigenen Staates protestieren. Naharin scheut sich nicht, in Interviews immer und immer wieder auf die Missstände in seinem Land hinzuweisen, seine neueste Choreografie »Momo« beschäftigt sich mit der politischen Atmosphäre in seinem Heimatland, mit der Gefahr, dass der Staat autoritär und illiberal werden könnte. Und einer wie er wird geächtet? Warum? Einfach nur, weil er Jude und Israeli ist?

Den Boykottanhängern ist das egal. Es geht darum, Israel insgesamt an den Pranger zu stellen, Israel als Ganzes zu boykottieren, nicht nur die Besatzung. Und damit alle jüdischen Menschen in Israel zu diskreditieren.

Es ist kein Zufall, dass die BDS-Bewegung ihr Vorbild in der Anti-Apartheid-Bewegung hat, auch diese hatte ihren Ursprung in England. BDS übernahm Strategien der Anti-Apartheid-Bewegung zum Teil wortwörtlich. So wurde der Slogan »Every bite buys a bullet«, der im Kampf gegen Südafrika verwendet wurde, anfänglich auch für den Boykott israelischer Güter verwendet.

Die Wirkungskraft der Ideologie, derer sich auch die BDS-Bewegung mit ihren zutiefst antisemitischen Zügen und der Leugnung des Existenzrechtes des jüdischen Staates bedient, wurde überdeutlich während der großen Antirassismus-Konferenz der UN im südafrikanischen Durban im Jahr 2001. Bereits im Vorfeld des Kongresses kam es zum Skandal. Ausgerechnet in Teheran arbeitete die internationale Gemeinschaft an einem Beschlusstext für Durban, unter Ausschluss der israelischen Delegation, natürlich. In dem Text gab es Passagen, die Israel offen des Rassismus bezichtigten und Israels Politik mit der Apartheid-Politik Südafrikas verglichen. Die USA drohten, nicht zur Konferenz zu kommen, daraufhin wurden diese Passagen wieder gestrichen. Dennoch verließen in Durban schließlich sowohl die amerikanische als auch die israelische Delegation die Konferenz vorzeitig, denn Israel sollte trotz allem als *einziger* Staat wegen seiner angeblich rassistischen Regierung damals verurteilt werden. Auf der Parallelveranstaltung Tausender NGO-Vertreter wurde Israel anstandslos als »Apartheid-Staat« verurteilt. Was man übrigens auch noch erreichen wollte: Die Wiederbelebung der UN-Resolution 3379, die von 1975 bis 1991 Bestand hatte, der zufolge Zionismus Rassismus sei.

Vielen Beobachtern ist nicht immer sofort einsichtig, dass es sich bei diesen ideologischen Mustern um Antisemitismus handelt. Antisemitismus wird sofort und beinahe automatisch in der rechten Ecke verortet. Das ist ja nicht falsch und da die rechtsextremistische Weltanschauung in Deutschland verheerende Folgen hatte, muss hier nichts weiter dazu erklärt werden. Dann gibt es den religiös motivierten Antisemitismus, der sich über Jahrhunderte als Antijudaismus der Kirche, insbesondere der katholischen Kirche äußerte. Aber auch Martin Luther war ein erklärter Antisemit, seine Schriften über und gegen Juden und das Judentum belegen das nur zu gut, und in der Folge hat auch die protestantische Kirche im Laufe ihrer Geschichte viel Schuld auf sich geladen. Auch dies dürfte bekannt sein, ebenso wie man heute natürlich auch einiges über den Antisemitismus des Islam weiß, der sich in der jüngeren Geschichte vor allem auf Israel bezog und sich als Anti-Zionismus darstellte, schließlich aber, vor allem in der von den Nazis beeinflussten Ideologie der Muslimbruderschaft, gegen den Juden als das schlechthin »Böse« ausgeweitet wurde. Das alles fiel auf fruchtbaren Boden. Denn ein antijüdisches Ressentiment gab es in den islamischen Gesellschaften schon Jahrhunderte zuvor.

Bleibt der Antisemitismus der Linken. Besonders in der Geschichte der jungen Bundesrepublik betrachtete sich die Linke als Hüterin von Moral, Menschenrechten und Demokratie. Die SPD war stolz darauf, als einzige Partei in der Weimarer Republik gegen die Ermächtigungsgesetze am 24. März 1933 gestimmt zu haben. Links sein, das bedeutete in der Bundesrepublik automatisch auch gegen Nazis zu sein – die sich in den Nachkriegsjahren in den konservativen Parteien, aber auch in der FDP und anderen kleinen Parteien wieder sammelten und politisch aktiv wurden. Die Überzeugung der Linken war: Wer gegen die Nazis war und ist, kann kein Antisemit sein. Selbst Juden fielen auf diese These herein. Vor allem Juden der Zweiten Generation in Deutschland verstanden sich als politisch eher links, denn der Internationalismus und Universalismus der Linken kam dem jüdischen »Kosmopolitismus« entgegen, man gab sich betont anti-nationalistisch. Und rechts sein, das ging ja nun gar nicht. Nicht nur nicht in Deutschland, sondern so gut wie nirgendwo in Europa.

Doch natürlich waren auch die Linken in Deutschland ein Produkt ihrer Erziehung, häufig von Eltern, die vielleicht sogar in der NSDAP aktiv oder zumindest Anhänger waren, die aber auf alle Fälle in einer Zeit gelebt hatten, in der Judenhass Programm war. Isaiah Berlin beschrieb diese »europäische Normalität« einmal mit einem zynischen Bonmot: »Antisemitismus ist, wenn man Juden mehr hasst als nötig.« Denn selbst im Europa vor 1933 »gehörte« Antisemitismus als Teil der politischen und gesellschaftlichen Kultur einfach »dazu«. Jahrhundertelang. Die Linke, die in Deutschland 1968 versuchte, sich von ihren Nazi-Eltern scharf abzugrenzen, bemerkte allerdings nicht, wie sie die antisemitischen Muster ihrer Eltern übernahm, nur dass es nicht mehr »Jude«, sondern »Israel« hieß. Interessanterweise konnte man 1989 beobachten, also nach der Wiedervereinigung Deutschlands, wie manche deutsche Intellektuelle, die man zur Linken zählen konnte, beispielsweise Botho Strauß, versuchten, sich mit ihren Eltern im Zuge einer neuen Nationalismus-Debatte zu versöhnen.

Die Linke also. Verallgemeinerungen sind hier fehl am Platz, was aber keinesfalls heißt, dass man den Teil der Linken, der antisemitisch ist, falsch einschätzen darf. Er ist gefährlich, er wächst, und wie so häufig spiegeln die realen Zahlen nicht die Wirkungskraft einer Bewegung wider. Es kommt immer auch darauf an, wie »laut« man ist. Und dieser Teil der Linken ist in ganz Europa ziemlich effektiv, wenn es darum geht, den öffentlichen Diskurs zu beeinflussen, der sowieso nie ganz von antisemitischen Untertönen frei war.

Der britische Autor und Forscher Alan Johnson bezeichnet linken Antisemitismus seit dem Entstehen des Staates Israel als »Anti-Imperialismus der Idioten«. Denn was sich hinter diesem Gerede verbirgt, ist in den meisten Fällen »klassischer« Antisemitismus. War früher »der Jude« schuld am Unglück von wem auch immer, so ist es heute Israel, das Schuld am Unglück nicht nur der Palästinenser, sondern gleich der ganzen Welt ist – in den Augen vieler Progressiver zumindest. Und auch der britische Autor und Komödiant David Baddiel zeigt in seinem 2021 erschienenen Büchlein *Jews Don't Count* (deutscher Titel *Und die Juden?*) das ganze antisemitische Elend der »Woken« auf.

Das politische Programm solcher Linker, insbesondere der BDS-Bewegung, scheint sich auf den ersten Blick die Zwei-Staaten-Lösung aufs Banner geschrieben zu haben. Was ja zunächst einmal alles andere als verwerflich ist. Tatsächlich jedoch wird das Ende Israels angestrebt. Ziel ist demzufolge nicht ein palästinensischer Staat neben einem jüdischen, sondern ein palästinensischer Staat an Stelle des jüdischen. Auf der Website der BDS-Bewegung, www.bdsmovement.net, ist dies im Aufruf aus dem Jahr 2005 deutlich herauszulesen. Die Forderungen an Israel werden wie folgt auf Englisch formuliert:

»1. Ending its occupation and colonization of *all* [Hervorhebung des Autors] Arab lands and dismantling the Wall.
2. Recognizing the fundamental rights of the Arab-Palestinian citizens of Israel to full equality [dies ist de jure gegeben, Anm. des Autors] and

3. Respecting, protecting and promoting the rights of Palestinian refugees to return to their homes and properties as stipulated in UN resolution 194.«[*]

Natürlich fragt BDS nicht danach, wer überhaupt noch als »refugee«, als »Flüchtling«, anerkannt werden kann. 1947/48 flohen etwa 750 000 Araber in den Kriegswirren oder wurden vertrieben. Heute bezeichnen sich über fünf Millionen Palästinenser als »Flüchtlinge«. Es gibt bereits eine dritte, vierte und fünfte Generation in den Flüchtlingslagern und in den arabischen Staaten, die den Anspruch erheben, »Flüchtlinge« zu sein. Es stellt sich die Frage, inwiefern neue Generationen diesen Anspruch überhaupt haben. Abgesehen von der juristischen Problematik, würde das beispielsweise in Europa zu massiven Unruhen führen, wenn jeder, dessen Großeltern und Urgroßeltern Flüchtlinge waren, sich als ebensolcher verstünde – mit den sich daraus ergebenden Ansprüchen. Ja, nach internationalem Recht sind die nachfolgenden Generationen von Flüchtlingen auch Flüchtlinge, solange sie keine neue Heimat gefunden haben, nirgendwo aufgenommen wurden. Das gilt für viele Palästinenser, die in den meisten arabischen Staaten keinen Pass, kein Heimatrecht bekommen haben, um den Flüchtlingsstatus aufrechtzuerhalten – als

---

[*] »1. Die Beendigung der Besetzung und Kolonisierung *aller* [Hervorhebung des Autors] arabischen Gebiete und Abbau der Mauer. 2. Anerkennung der Grundrechte arabisch-palästinensischer Bürger Israels bei voller Gleichberechtigung [dies ist de jure gegeben, Anm. des Autors] und 3. Achtung, Schutz und Förderung des Rechts der palästinensischen Flüchtlinge auf Rückkehr in ihre Häuser und ihr Eigentum, wie in der UN-Resolution 194 festgelegt.«

politisches Druckmittel gegen Israel. Dennoch ist die Frage berechtigt, ob fünf Millionen »zurückkehren« dürfen und sollen. Erinnert sei hier im deutschen Kontext an die Sudetendeutschen, deren Forderungen irgendwann obsolet und »aus der Zeit gefallen« waren, mal abgesehen davon, dass sie nicht realisierbar waren. Aber hätte man eine zweite oder gar dritte Generation noch als »Flüchtlinge« aus dem Sudetenland anerkennen können? Die Tschechoslowakei hätte sich schön bedankt für die »Rückkehr« dieser Menschen.

Ein ganz anderes Problem ist die finanzielle Kompensation für den Verlust von Besitz. Das ist ein Thema, das im Fall eines Friedens zwischen Israelis und Palästinensern mit Sicherheit Bestandteil eines Friedensvertrages wäre, wie man dies in früheren Verhandlungen bereits erkennen konnte.

Doch dies alles sei hier nur am Rande erwähnt. Zurück zu den Forderungen auf der Website von BDS. Es ist offensichtlich, dass Israel indirekt »ermuntert« wird, sich doch bitte selbst aufzulösen. Was BDS also will, ist eine Ein-Staaten-Lösung. Damit geht man noch hinter die Ergebnisse des Oslo-Vertrages zurück. Das ist nicht nur ein Rückschritt, sondern ein Unterlaufen eines gewissen internationalen Konsenses, ähnlich wie dies auch von der israelischen Siedlerbewegung und der extremen nationalen israelischen Rechten betrieben wird.

Ein weiterer Hinweis für das antisemitische Element bei BDS und anderen linken Gruppierungen: die Sprache. Zionismus sei Rassismus – die alte UN-Resolutionsformel, die längst widerrufen wurde – und, Israel sei ein »Apartheidstaat«, der »ethnische Säuberungen« durchführe oder gar den »Genozid« der Palästinenser vorantreibe. Diese Vorwürfe sind nicht nur voller historischer Unwahrheiten, sie sind auch in der Realität durch nichts zu rechtfertigen oder gar zu beweisen. Allein die rund zwei Millionen Palästinenser mit israelischem Pass belegen, dass von »Genozid« und anderen »Totalverbrechen« nicht die Rede sein kann.

Wie schon weiter oben ausgeführt: Dass de facto palästinensische Israelis in ihrem Alltag mit Rassismus und anderen Problemen konfrontiert sind, die jüdische Israelis nicht haben, erzählt etwas über die Schwächen der israelischen Demokratie, aber nicht einer Apartheid à la Südafrika, wo Schwarze einst keinerlei Rechte hatten. Da erklärt eine BDS-Aktivistin in Berlin, Sophia Deeg, gegenüber einem Journalisten des *Tagesspiegel*, es gebe in Israel »mehr als 50 Gesetze«, die nichtjüdische Staatsbürger diskriminierten, kann aber auf Nachfragen nicht sagen, wo man diese angeblichen Gesetze denn einsehen könne. Sie bezieht sich auf die Website der Organisation »Adalah«, die die Interessen arabischer Israelis vertritt. Dort sind die Gesetze aufgelistet. Keines der Gesetze erwähnt eine Ethnie oder Religion, es sind Gesetze, die für alle israelischen Staatsbürger gelten.

Viele BDS-Anhänger sehen übrigens in der israelischen Staatsflagge mit dem Davidstern bereits eine Ungleichbehandlung nichtjüdischer Staatsbürger. Da ist man »sensibilisiert«, kein Problem dagegen scheint man darin zu sehen, ausgerechnet am 9. November eine Israelboykott-Protestaktion durchzuführen wie 2017 die Berliner BDS. Aberwitzig wird es, wenn BDS eine Protestaktion palästinensischer Frauen in Jericho verurteilt. Warum? Weil diese Frauen zusammen mit Israelis für neue Friedensverhandlungen demonstrierten!

Um dies hier nochmal klarzustellen und damit es keine

Missverständnisse gibt: Ob und wie man die Besatzungspolitik Israels beurteilt, ist eine Sache, Israel aber wie oben beschrieben an den Pranger zu stellen, ist schlichtweg absurd – und obendrein kontraproduktiv. Denn seriöse und berechtigte Kritik an der israelischen Politik verpufft angesichts solcher Anschuldigungen, die übrigens insofern interessant sind, als die Linke und vor allem BDS nur einen einzigen Staat für solche »Gräueltaten« ins Fadenkreuz genommen hat: den jüdischen.

Ein weiteres, besonders perfides Merkmal so mancher linker Gruppen ist der Vergleich Israels mit dem Dritten Reich – Natan Sharansky hat das ja in seinem 3-D-Test aufgezeigt. Da wird die israelische Armee gerne mit der Wehrmacht oder der SS in ihrer Brutalität gleichgesetzt, Gaza nennt man dann ein »israelisches Konzentrationslager«. Der langjährige Premier Benjamin Netanyahu erscheint schon mal mit Hitlerbärtchen auf Postern, und in Karikaturen werden Israelis als Nazis dargestellt, auch in arabischen Medien. Um aber zu »beweisen«, dass man sich auf einem gerechtfertigten »Kriegspfad« befindet, werden Juden unter den Unterstützern zu Aushängeschildern von BDS und anderen gleichgesinnten Gruppen. Ob Noam Chomsky, Judith Butler oder Ilan Pappe, Juden sind stets der Garant für die »Wahrheit« der Vorwürfe, die man Israel macht. Das allein schon ist zutiefst antisemitisch: Die Instrumentalisierung von Alibijuden, die einer anti-zionistischen Kampagne oder Organisation einen »Koscherstempel« aufdrücken.

Die antizionistische Bewegung verschweigt überdies zwei wichtige Fakten, die sie notgedrungen beiseiteschieben muss, da sie das eigene Weltbild empfindlich stören: Dass Israel in

Folge jahrhundertelanger Unterdrückung und Verfolgung der Juden gegründet wurde. Und dass Israel, erst recht nach der industriellen Vernichtung der Juden während der Shoah, Ausdruck des Selbstbestimmungsrechts des jüdischen Volkes ist. Dieses aber wird den Juden im Kampf für das ebenso berechtigte Selbstbestimmungsrecht der Palästinenser plötzlich wieder aberkannt. Man will also eigentlich ein Unrecht durch ein anderes, neues Unrecht »wiedergutmachen«. Wobei nicht zu vergessen ist, dass die UN der Entstehung des jüdischen Staates zugestimmt hat, dass der Staat Israel also ein legitimiertes Existenzrecht hat. Und dass die arabische Welt den UN-Teilungsplan abgelehnt hatte, nicht die Zionisten. Wenn es denn gelingen würde, Israel mittels BDS in die Knie zu zwingen, wenn Israel aufhören würde zu existieren, hätte man letztendlich Völkerrecht verletzt – genau das aber werfen die Unterstützer der palästinensischen Sache den Israelis vor.

Während die EU nach einer Entscheidung der EU-Kommission im November 2015 allmählich dazu übergegangen ist, Produkte, die aus den besetzten Gebieten stammen, als solche zu labeln, will BDS, wie man dies aus verschiedenen Pamphleten und Aufrufen ersehen kann, israelische Produkte generell boykottieren. Ein weiterer Hinweis, dass es nicht um die Besatzung, sondern um Israel als Ganzes geht. Die Boykottbewegung hat allerdings absurde Folgen. Tatsächlich haben einige israelische Firmen wie zum Beispiel Soda Stream ihre Fabriken aus den besetzten Gebieten abziehen müssen und sie nach Israel, dem Kernland Israel, zurückverlegt, weil sie den Boykott spürten oder fürchteten. Insofern hat BDS durchaus Erfolge vorzuweisen. Das Ergebnis aber schadet zumeist den Palästinensern mehr als den Israelis. Allein durch die Schließung der Soda-Stream-Fabrik in den besetzten Gebieten gingen 500 Arbeitsplätze für Palästinenser verloren. Soda Stream operiert nun von der Negev-Wüste in Israel aus. Die Angestellten: nur noch Israelis. Und auch Schauspielerin Scarlett Johansson, die vor vielen Jahren für Soda Stream geworben hatte und deswegen von Israel-Gegnern öffentlich kritisiert worden war, hat keinen weiteren Schaden erlitten.

Dass der Boykott israelischer Güter problematische Assoziationen weckt, konnte man am Beispiel des Kaufhaus des Westens (KDW) in Berlin sehen. Dort hatte man 2015 Wein, der in den besetzten Gebieten angebaut wurde, aus dem Sortiment genommen. Das war nicht nur eine Art vorauseilender Gehorsam gegenüber der EU-Kommission, die ja lediglich eine Etikettierung, nicht eine Entfernung der Produkte gefordert hatte. Die »Säuberung« der Regale hatte im Falle des KDW noch dazu einen Hautgout. Das Warenhaus war einst ein jüdisches Kaufhaus, das während des Nationalsozialismus »arisiert« wurde. Ausgerechnet hier wurden Produkte entfernt, die mit Israel assoziiert sind.

Die israelische Regierung wird nicht müde, die Etikettierung von Siedlerprodukten mit der Nazi-Kampagne »Kauft nicht bei Juden« vom 1. April 1933 zu vergleichen. Das ist natürlich Unsinn und ebenfalls historisch nicht korrekt. Doch es verfehlt seine Wirkung nicht, denn man will ja um Himmels Willen nicht als antisemitisch gebrandmarkt werden. Anti-israelisch sein, das ist ok. Aber niemand will in Zeiten der *Political Correctness* ein Antisemit sein, diese Form des Framings kommt einem gesellschaftlichen Todesurteil gleich. Das führt zu den merkwürdigsten Verrenkungen. So gibt es inzwischen das Phänomen von Äußerungen, die eindeutig antisemitisch sind und als solche auch verstanden werden. Aber gleichzeitig wird die Person, die das gesagt hat, natürlich nicht als Antisemit gesehen, im Gegenteil, sie wird oft noch verteidigt, indem man darauf hinweist, was sie sonst für ein guter Mensch sei. Als ob das eine mit dem anderen etwas zu tun hätte. Dass solche »politisch Anständigen« aber immer wieder mit antisemitischen Mustern agieren, sieht man auch am Beispiel des Musikers Roger Waters, einem der großen Befürworter eines Israel-Boykotts. Am Ende seiner Konzerte lässt er gerne ein Schwein aufsteigen, auf dem alle möglichen »bösen« Symbole zu sehen sind, kapitalistische und faschistische, kommunistische und andere Zeichen. Und ein Davidstern. Wer weiß, dass im Judentum das Schwein ein »unreines« Tier ist, wird schnell verstehen, was Roger Waters da tut. Natürlich wehrt er den Vorwurf des Antisemitismus brüsk ab. Was ihn nie daran gehindert hatte, sein Schwein immer wieder am Ende seiner Auftritte aufsteigen zu lassen, selbst nachdem er schon zigmal dafür kritisiert wurde. Dass Waters sich während des Ukraine-Krieges auch noch als Putin-Versteher geoutet hat, macht deutlich, wie verquast all diese »ideologischen Fetzen« sind.

Auch in Israel hat man längst erkannt, dass BDS für das Land, wenn schon nicht wirtschaftlich schädlich, so doch ein riesiger Imageschaden ist. In israelischen Ministerien gibt es inzwischen ganze Abteilungen, die den medialen und politischen Kampf gegen BDS aufgenommen haben, das begann noch zur Zeit der letzten Regierung von Benjamin Netanyahu, also bevor Naftali Bennett Premier wurde. Die Arbeit hatte mäßigen Erfolg, man traf überstürzte Entscheidungen, die fragwürdig sind. So veröffentlichte man Filmaufnahmen von

Boykottbefürwortern, die am israelischen Flughafen Ben Gurion festgenommen und sofort wieder abgeschoben wurden. Das aber bewirkte nur in Israel eine »positive Stimmung«. In der Welt, der westlichen zumal, wird Israel mit solchen Vorgehensweisen als Polizeistaat wahrgenommen. Solche Bilder spielten den BDS-Anhängern in die Hände, sie brauchten selbst keinerlei PR-Abteilung mehr zu beschäftigen.

Eine ebenso unsinnige Entscheidung war ein neues Gesetz im November 2017, demzufolge Personen, die BDS-Anhänger sind oder sogar »nur« die Kennzeichnung von Siedlerprodukten fordern, nicht mehr einreisen dürfen. Im selben Monat hatte Israel einer Gruppe von EU-Parlamentariern, Mitgliedern des französischen Parlaments und französischen Bürgermeistern, die alle die Boykottbewegung gegen Israel unterstützen, die Einreise verweigert. Solche Leute hätten in Israel nichts verloren, hieß es. Selbst wenn man dem Prozedere Israels Verständnis entgegenbringen würde, bleibt die Frage, was solche Maßnahmen wirklich bringen. Israel hatte plump agiert. Nichts zu tun, ist schlecht, etwas Falsches zu tun, aber auch. Das hatte Netanyahu bald erkannt. Unter den Premiers Naftali Bennett und Yair Lapid hatte sich der Ton gegenüber europäischen und amerikanischen BDS-Anhängern dann sowieso verändert und man ging umsichtiger vor, wenngleich man in der Sache hart blieb, wie man sehen konnte, als die amerikanische Eiscreme-Marke Ben & Jerry's entschied, ihr Eis nicht mehr in den jüdischen Siedlungen im Westjordanland zu verkaufen. Die israelische Regierung machte so viel Druck, dass der Konzern nach einem Prozess den Boykott aufhob.

Der Kampf der BDS und gegen BDS ist auf vielen Ebenen in vollem Gange. Israelische Künstler und Wissenschaftler werden von internationalen Kongressen und Festivals ausgeladen, internationale Künstler, die in Israel auftreten wollen, werden massiv unter Druck gesetzt, manchmal sogar unter Androhung von Gewalt, damit sie ihre Konzerte in Tel Aviv absagen. Manche beugen sich dem Druck, andere nicht. Jene die kommen, wie jüngst Led Zeppelin, werden in Israel allein schon dafür gefeiert, dass sie gekommen sind.

Im Sommer 2017 war das Pop-Kultur-Festival in Berlin Ziel der BDS. Sechs Bands hatten ihre Auftritte abgesagt, weil die israelische Botschaft an dem Festival beteiligt war. Beteiligt? Auf welche Weise? Die Botschaft hatte einer israelischen Künstlerin einen Reisekostenzuschuss in Höhe von 500 Euro gewährt. Noch skandalöser ist eine Geschichte, die sich in Spanien 2015 zutrug. Damals hatte BDS zunächst erfolgreich beim Rototom Festival interveniert, damit der jüdische Musiker Matisyahu ausgeladen wird, weil er angeblich als ein Freund Israels »ethnische Säuberungen und Apartheid unterstütze«. Nun ist Matisyahu, mit bürgerlichem Namen: Matthew Miller, aber ein US-amerikanischer Jude und kein Israeli. In der jüdischen Gemeinschaft in den USA kam es zu einem Aufschrei und selbst die spanische Regierung intervenierte. Matisyahu konnte doch auftreten. Und der BDS-Bewegung konnte einmal mehr zu Recht vorgeworfen werden, sie sei antisemitisch.

Ob »Israelkritik« oder »Anti-Zionismus«, die Belege, dass es in den »antikapitalistischen«, »anti-kolonialistischen« und »anti-imperialistischen« Kreisen auch Antisemiten gibt, sind überdeutlich. Und man kann es drehen und wenden, wie man will, man kann ein Gegner der israelischen Besatzungspolitik sein und diese verurteilen, aber dass Israel einer Delegitimierungskampagne ausgesetzt ist, die sein Existenzrecht in Abrede stellt, dass Israel zum »Juden« unter den Nationen geworden ist, dass Teile der israelkritischen Bewegung antisemitischer Argumentation folgen, dass den Juden ihr Selbstbestimmungs-recht in Abrede gestellt wird, dagegen Stellung zu beziehen, sollte das nicht Konsens sein? Und doch ist es 75 Jahre nach der Staatsgründung eine traurige Realität. Darüber hinaus schwächen solche Kampagnen just diejenigen in Israel, die die Besatzungspolitik ebenfalls ablehnen.

Dass es heute vor allem das intellektuelle und linksliberale Milieu ist, vor dem sich Israelis langfristig zu fürchten haben, mag vor allem liberalen Juden nicht wirklich in den Kopf ge-hen. Es ist so, aber es fällt schwer, dies zu verinnerlichen und als gegeben anzunehmen.

Die öffentlichen Diskurse in Deutschland auch im Jahr 2022 lassen nicht mehr zu, dass man sich etwas vormacht. Während BDS, wie schon erwähnt, in Großbritannien und den USA längst auf den Universitäts-Campussen Einzug ge-halten hat, brauchte die Bewegung in Deutschland ein wenig länger, um bedeutsam zu werden. Dafür sorgte ausgerechnet ein Beschluss des Bundestags gegen BDS im Jahr 2019. Das Parlament definierte damals BDS als antisemitisch und ent-schied, dass der Bund keine Organisationen und Personen fi-nanziell fördern wird, die das Existenzrecht Israels in Frage stellen. Länder, Städte und Gemeinden wurden aufgerufen, sich dieser Haltung anzuschließen. Denn der Beschluss ist, anders als seine Gegner das vermuten lassen, juristisch nicht bindend.

Nur ein Jahr nach dem BDS-Beschluss im Bundestag wollte Stefanie Carp, die Intendantin der Ruhrtriennale, den Kameruner Historiker Achille Mbembe für den Eröffnungsvortrag einladen. Mbembe wurde international bekannt für seine Werke, die sich mit der Kolonialgeschichte und deren Verbrechen beschäftigen. Felix Klein, der Beauftragte der Bundesregierung gegen Antisemitismus, sprach sich gegen die Einladung des Historikers aus, da er mit der BDS-Bewegung sympathisiere. Wegen des darauffolgenden Corona-Lockdowns wurde die ganze Ruhrtriennale abgesagt, Mbembe konnte so oder so nicht kommen. Er hätte aber kommen können. Dennoch kam es in der Folge zu einer heftigen Auseinandersetzung in den deutschen Feuilletons pro und contra Mbembe und die politische Anti-BDS-Entscheidung. Mbembe wies die Vorwürfe gegen sich zurück, erklärte, er habe nichts mit BDS zu tun.

Aber so ganz stimmt das eben nicht. So hatte er beispielsweise mit dafür gesorgt, dass eine israelische Wissenschaftlerin nicht an einer internationalen Tagung in Südafrika teilnehmen konnte. Er verfasste, um ein zweites Beispiel zu nennen, einen Text für einen Band eines BDS-Ablegers, in dem er Folgendes über Israel schrieb: »To be sure, it is not apartheid, South African style. It is far more lethal.«[*] In einem anderen Buch mit dem Titel *Apartheid Israel – The Politics of an Analogy* schreibt Mbembe im Vorwort: »Die Besetzung Palästinas ist der größte moralische Skandal unserer Zeit, eine der entmenschlichendsten Torturen des Jahrhunderts, in das wir gerade eingetreten sind, und der größte Akt der Feigheit des letzten halben Jahrhunderts.«

Die Auseinandersetzung um die Person Mbembes weitete

---

[*] »Natürlich handelt es sich nicht um Apartheid nach südafrikanischem Muster. Es ist viel tödlicher.«

sich aus. Sie wurde zur Grundsatzdebatte für und wider die neue Weltsicht der sogenannten Postkolonialisten, die, um es sehr verkürzt darzustellen, die Frage stellt, ob angesichts der kolonialistischen Genozide in Afrika der Holocaust noch einen Alleinstellungsanspruch habe. Ob die Fokussierung der deutschen »Erinnerungskultur« auf den Holocaust nicht einem universalistischen und multidirektionalen Erinnern weichen müsse, da – wie manche meinten – den Deutschen die Konzentration auf Auschwitz oktroyiert worden sei. Einige Historiker sehen die Shoah gar als das Ergebnis einer Entwicklung an, die mit den Genoziden in Afrika zur Zeit des Kolonialismus in Verbindung stehe.

Natürlich sind diese Theorien faktisch schnell aus den Angeln zu heben. Wer sich mit der Erlösungsideologie der Nazis beschäftigt hat, weiß, dass bereits die Überzeugung, die Menschheit könne nur durch die Vernichtung der Juden erlöst werden, einzigartig ist. Dabei geht es noch nicht einmal um die noch nie dagewesene Industrialisierung des Massenmords und die Opferzahlen. Es geht um die ideologische Voraussetzung, die es so in Afrika nicht gegeben hat. Kein Genozid wurde damit gerechtfertigt, dass man damit die Menschheit erlösen könne. Allein das zeigt deutlich, dass die Shoah nicht die logische Konsequenz der kolonialen Verbrechen sein kann und ist. Diese Theorie verweigert noch dazu den Blick auf die jahrhundertelange Judenverfolgung in Europa. Sie war es, die zur Shoah führte, nicht die Genozide in Afrika.

Bei all dem darf allerdings nicht der Eindruck entstehen, dass die Massenmorde an Menschen in Afrika deswegen weniger schlimm, weniger verbrecherisch waren oder sind. Man muss die Shoah nicht relativieren oder die »Erinnerungskultur« als eindimensional geißeln, um deutlich zu machen, welche Verbrechen die Kolonialstaaten begangen haben. Es ist richtig und gut und höchste Zeit, dass dies endlich in das Bewusstsein einer breiten Öffentlichkeit gebracht wird. Auch und gerade in Deutschland. Aber muss man deswegen Auschwitz sozusagen kleinreden? Stecken da möglicherweise nicht ganz andere Gründe dahinter? Im Zuge der Diskussion um BDS und Achille Mbembe begannen sich deutsche Kulturinstitutionen, allen voran das Humboldt-Forum in Berlin, sowie einzelne deutsche Intellektuelle und Kulturfunktionäre wie Aleida Assmann, Andreas Görgen, damals noch im Auswärtigen Amt, und DLF-Journalist Stephan Detjen, heimlich zu treffen und zu beraten. 2020 veröffentlichen sie schließlich ihr »Plädoyer der ›Initiative GG 5.3 Weltoffenheit‹«. Die Initiative bezieht sich explizit auf die Mbembe-Debatte und fordert den Bundestag auf, seinen BDS-Beschluss zu revidieren. Man müsse, so die Forderung, Künstler einladen können, die für die Israel-Boykottbewegung BDS eintreten.

Am 16. Dezember 2020 kommt es von Hunderten von Künstlern und Autoren noch zu einem weiteren Aufruf. Sie verurteilen »die ungeheure Nachlässigkeit des deutschen Staates, wenn es darum geht, die deutsche Täterschaft für vergangene koloniale Gewalt anzuerkennen. Der Kampf gegen Antisemitismus kann nicht nach Belieben von parallelen Kämpfen gegen Islamophobie, Rassismus und Faschismus entkoppelt werden. Nachdrücklich lehnen wir die Monopolisierung von Unterdrückungserzählungen durch Staaten wie Deutschland ab, die historisch Unterdrücker waren.«

Eine Monopolisierung von Unterdrückungserzählungen? Es folgte eine heftige Debatte um das Existenzrecht Israels, an der sich natürlich auch linke Juden und Israelis beteiligten, wie der Philosoph Omri Boehm, der in einem Artikel in der *Zeit* ausdrücklich erklärte, es sei nicht antisemitisch, das Existenzrecht Israels als jüdischer Staat zu bestreiten. Eine mindestens gewagte These. Warum sollte ein jüdischer Staat kein Existenzrecht haben? Und vor allem, was geht das Intellektuelle in Deutschland an? Warum wird diese Diskussion in Deutschland überhaupt geführt? Welche Abgründe stecken dahinter? Die Psychologin Marina Chernivsky brachte es auf den Punkt, als sie in einem Interview für meine 2021 gesendete ARD-Serie »Die Sache mit den Juden« meinte, man könne diese Diskussion, diese obsessive Beschäftigung deutscher Intellektueller mit dem jüdischen Staat nicht ohne die Wirkungsgeschichte des Nationalsozialismus und des Dritten Reichs verstehen. Mit anderen Worten: Es geht nach wie vor um Schuld und um den Versuch, wie Chernivsky anführt, einer Täter-Opfer-Umkehr. Und damit einer Entschuldung der Deutschen. Mit dieser Analyse steht sie wahrlich nicht allein.

Die »Weltoffenheits«-Debatte produzierte immer mehr verräterische Kapriolen. So entwickelte sich die Vorstellung, dass, wie Jan Assmann dies formulierte, »staatliche und *interessierte Kreise* [Hervorhebung des Autors]« Einfluss auf das kulturelle Leben »unseres Landes« nehmen wollen. Spätestens hier wird das verschwörungstheoretische Raunen der Weltoffenheits-Gruppe offensichtlich. Sie tut so, als ob es von »jenseits der Politik« Druck gäbe, was in Deutschland noch gesagt werden darf und was nicht. Was natürlich völliger Unfug ist. Achille Mbembe konnte sich während jener Auseinandersetzungen zu jedem Zeitpunkt beispielsweise in deutschen Medien äußern. Was er auch getan hat. Dass das Parlament staatlichen Institutionen empfiehlt, keine BDS-Anhänger oder BDS-Institutionen mit staatlichen Fördergeldern einzuladen? Man mag das mögen oder nicht, aber deshalb gleich die Meinungsfreiheit in Gefahr zu wähnen, ist überzogen und absurd. Denn all diese Kulturschaffenden und -institutionen sind in Deutschland im Vergleich zu vielen anderen Ländern so üppig ausgestattet, dass sie nun wahrlich nicht in einer prekären Situation leben oder gar Schlimmstes befürchten müssten, falls sie doch einen BDS-Anhänger einladen. Berlin ist nicht Moskau, ist nicht Teheran, ist nicht Riad.

Das Geraune dieser Gruppe aber ist gefährlich und trägt das antisemitische Pattern weiter. Der *SZ*-Journalist Ronen Steinke wies, ebenfalls in meiner ARD-Serie, darauf hin, dass hier ein sehr altes Stereotyp bemüht wird. Dass es da also angeblich eine zwar kleine, aber doch sehr mächtige Gruppe gebe (natürlich: Juden und/oder Israel), die einem armen deutschen Kulturschaffenden das Leben zur Hölle machen könnte, falls er nicht »brav« sei und genau das sage, was diese Gruppe hören wolle.

Dass diese angeblichen »Weltoffenen« in ihren Kreisen auch Juden haben, gibt ihren Thesen und Gedanken keine weitere Legitimität. So wie in jeder gesellschaftlichen Gruppe, gibt es auch unter Juden ein breites Spektrum an Überzeugungen. So können ein Micha Brumlik oder Hanno Loewy oder Omri Boehm sich natürlich für die Theorien der Initiative aussprechen und sie befürworten. Doch ist das, was sie sagen, nur deshalb, weil sie Juden sind, nicht unbedingt »richtiger«. Aber sie haben selbstverständlich das Recht auf ihre Meinung. Was in solchen Fällen jedoch nicht nur weltweit, sondern auch in Deutschland geschieht: Diese Juden oder auch Menschen, die jüdisch gelesen werden, sind – wie schon angesprochen – sozusagen der Koscherstempel für die Nichtjuden, dass das, was sie sagen und fordern, doch gar nicht antisemitisch sein könne, weil doch auch Juden dasselbe sagen. Auch dieses Muster ist uralt und in der Geschichte des Antisemitismus nun wahrlich nichts Neues. In Deutschland hat dies allerdings noch ein anderes »Geschmäckle« als in Frankreich, Großbritannien, den USA oder sonst wo.

Dass mit dem »Weltoffenheits«-Plädoyer Antisemitismus und Antizionismus in deutschen Kulturinstitutionen tatsächlich vorhanden und etabliert ist, wurde zwei Jahre später endgültig offensichtlich. Die documenta 15 wurde zum Debakel der deutschen Kulturelite, innerhalb derer bis zuletzt viele Verantwortliche nicht einsehen wollten, dass diese wohl größte Kulturausstellung der Welt zur »Antisemita 15« mutiert war, wie Sascha Lobo dies im *Spiegel* beschrieb.

Im Grunde gab es in dem gesamten Skandal um die documenta nur eine einzige Person mit echter Haltung und Statur: Die international berühmte und anerkannte Künstlerin Hito Steyerl, die ihr Werk von der documenta schon früh zurückgezogen hatte, weil in der Ausstellung antisemitische Bilder aufgetaucht waren und niemand die Verantwortung dafür übernehmen wollte. »Tausendmal lieber« zeige sie ihr Werk in einer Kasseler Videothek als auf »dieser documenta«, sagte Steyerl.

Die Ereignisse um die documenta hier genauer zu betrachten, würde zu weit führen. Entscheidend ist, dass ein Kollektiv namens Ruangrupa aus Jakarta die Ausstellung kuratierte. Es ging darum, den »Globalen Süden« mit seinen Gedanken und Werken vorzustellen. Ein durchaus »wokes« Unterfangen, das sich die documenta vorgenommen hatte, es passte zum aktuellen Zeitgeist. Doch damit war ein Problem sozusagen schon vorprogrammiert.

Dass es auf dieser documenta antisemitische Elemente geben könnte, davor wurde schon im Januar 2022 gewarnt. Blogger taten dies, aber auch der Zentralrat der Juden in Deutschland. Ausgerechnet Claudia Roth, die Grünen-Politikerin, die 2019 gegen den BDS-Beschluss des Bundestags gestimmt hatte, erklärte in ihrer neuen Position als Kulturstaatsministerin kurz vor der Eröffnung der documenta, dass alles prima sei, man solle sich doch auf die Ausstellung freuen.

Was dann kam, war schlimmer, als selbst diejenigen, die davor gewarnt hatten, es sich vorstellen konnten. Es ging los mit einem Großbanner der indonesischen Gruppe Taring Pardi. Auf ihrem Wimmelbild fanden sich Figuren mit Schläfenlocken und Davidstern, dargestellt als Vampire mit blutunterlaufenen Augen oder als Schweinemenschen. Das Banner hatte einen »Ehrenplatz« erhalten: Es stand auf dem Friedrichsplatz. Prominenter geht es nicht. Doch es ging noch weiter. Die palästinensische Gruppe Eltiqa hatte ihre Interpretation von Picassos »Guernica« vorgestellt, in dem Israel mit den Nazis verglichen wird. Und besonders erschreckend: die sogenannten »Tokyo Reels«, anti-israelische Propaganda-Videos aus den Siebziger- und Achtzigerjahren, in denen Kommentarstimmen Terroranschläge gutheißen. Erst nach einer sehr ausführlichen Analyse dieser Filme durch den Antisemitismusforscher Jakob Baier in der *taz* wurde den deutschen Verantwortlichen so allmählich klar, was für ein Debakel sie in ihren heiligen Kunsthallen veranstaltet hatten. Was folgte, war entsetzlich. Wie Steyerl schon zu Beginn der documenta sagte, niemand wollte Verantwortung übernehmen. Claudia Roth, die vorher noch alles prima fand, begann nun heftig zurückzurudern, aber letztendlich ohne wirkliche Konsequenzen. Durch eine Änderung der Verantwortlichkeiten bei der documenta vor ihrer Amtszeit hatte sie als Kulturstaatsministerin keine echte Einwirkungsmöglichkeit auf Personalfragen und andere Entscheidungen, das also war nicht ihre Schuld. Aber hätte sie sich nach der Erkenntnis anders positionieren können? Hätte sie das antisemitische Sich-Herumwinden der Verantwortlichen nicht eindringlicher geißeln können? Es kam Kritik und natürlich war auch Roth entsetzt, wie alle entsetzt waren, aber die Folgen blieben aus. So forderte sie ein sofortiges Absetzen der »Tokyo Reels«, als ohnehin schon allen klar war, dass es schlimmste pro-palästinensische Propagandafilme waren, die Israel als faschistischen Staat zeigten. Als Kulturstaatsministerin hätte sie sich die Ausstellung vielleicht früher einmal genau anschauen können. Anschauen sollen?

Ein Bauernopfer wurde gebracht, die Direktorin der documenta GmbH wurde geschasst. Aber ansonsten? Weder die Stadt Kassel noch das Land Hessen, die eigentlichen Ausrichter des Weltereignisses und letztendlich Verantwortlichen für diesen Skandal und diese Blamage vor einer etwas konsternierten Weltöffentlichkeit, zogen Konsequenzen. Niemand trat zurück. Man versuchte es mit schlechten Argumenten, dass im »Globalen Süden« die Dinge nun mal anders gesehen werden. Was insofern Unfug ist, weil antisemitische Stereotype universal sind. Ruangrupa und andere argumentierten noch unangenehmer. Sie erklärten, dass sie überrascht seien über die Diskussion, da sie den deutschen Kontext so nicht hätten einschätzen können. Als ob Antisemitismus ein rein deutsches, also lokales Problem sei. Die Jury, die Ruangrupa nach Kassel geholt hatte, mehrheitlich Vertreter des europäischen Kunst- und Kulturestablishments, feierte die Schau lange Zeit als »Pluriversum«. Und als später schon alles im Argen lag, der Antisemitismus längst nachgewiesen war, da drückte die Findungskommission immer noch Verständnis für Ruangrupa und die Künstler aus, die einem »starken Druck« ausgesetzt gewesen seien.

Doch wurde im Laufe der documenta auch bekannt, dass etliche Künstler mit BDS sympathisieren. Einige wurden ausfällig, wie etwa der Londoner Künstler Hamja Ahsan, der den deutschen Kanzler als »neoliberales Faschistenschwein« beschimpfte, das er auf »seiner documenta« nicht sehen wolle. Da war man entsetzt und stellte plötzlich fest, dass sein Leuchtkasten mit einer Kalaschnikow und der Aufschrift »Popular Front for the Liberation of Fried Chicken« ja möglicherweise eine Anspielung auf die palästinensische Terrororganisation »Popular Front for the Liberation of Palestine« sein könne. Im Handbuch zur documenta war das Werk noch als »volkstümliche Ikonografie« beschrieben worden.

Schließlich wurde ein Expertenrat einberufen, der ein Gutachten verfassen sollte. Die acht Wissenschaftler veröffentlichten zwei Mitteilungen. Die erste, von allen unterschrieben, beschäftige sich vor allem mit den »Tokyo Reels« und beschrieb ihren verhetzenden, antisemitischen und antizionistischen Charakter. Die zweite Mitteilung, die von fünf der acht Experten unterschrieben war, erklärte darüber hinaus noch, dass der Israel- und Judenhass das Hintergrundrauschen der Schau gewesen sei. Es sei eine »antizionistische, antisemitische und anti-israelische Stimmung« zugelassen worden. Alle

Ebenen seien dafür verantwortlich, die Experten ließen an den Verantwortlichen kein gutes Haar. Und in ihrem Abschlussbericht, der im Februar 2022 veröffentlicht wurde, machten die Experten klar, dass es sich im Fall der documenta nicht nur um ein »diskursives Phänomen« handelt, sondern die Sicherheit und Zukunft der Juden in Deutschland gefährdet sei.

Ruangrupa und viele anderen Teilnehmer der documenta reagierten harsch und aggressiv auf die Stellungnahme. Sie drehten – ein bekanntes Muster – die Rollen um. Sie, die für die Schau verantwortlich waren, machten sich jetzt zu Opfern. Die Experten hätten eine »neue Grenze überschritten«, es gehe um eine »rassistische Tendenz« und »Zensur«. Die »Tokyo Reels« zu verbieten sei natürlich auch »bösartig«. Man betonte gleichzeitig das Recht auf Widerstand gegen Israel, gegen den »Siedlerkolonialismus, die Apartheid, ethnische Säuberungen und Besetzung als Formen der Unterdrückung.« Der Protest gegen die Experten ist geprägt von der Haltung, dass man sich nun selbst unterdrückt sieht. Von einer Einsicht, warum Teile der ausgestellten Kunst tatsächlich antisemitisch sind, keine Spur, obwohl vor allem Ruangrupa zu Beginn des Antisemitismus-Skandals noch davon gesprochen hatte, dass man lernen wolle.

Ulrike Knöfel, die für den *Spiegel* den Skandal um die documenta monatelang begleitet hatte, weist in ihrem Artikel, der nach der Schließung der Schau Bilanz zieht, auf ein strukturelles Problem hin:

»In Teilen des deutschen Kulturbetriebs dürfte die weltanschauliche Schlagseite dieser Documenta gut ankommen.

Gerade die mächtigen Strippenzieher haben sich in den vergangenen Jahren als Freunde der Israelkritik zu profilieren versucht. Leute wie der Generalintendant des Humboldt Forums oder die Leiterin der Bundeskulturstiftung äußerten in einem gemeinsamen Plädoyer ihre Sorge, dass entsprechende Stimmen beiseitegedrängt würden. Und das ist auch der eigentliche Slogan dieser Documenta, dass es doch möglich sein müsse, Israel zu kritisieren, und dass diese Israelkritik nicht mit Antisemitismus gleichzusetzen sei.«

Ist das so? Findet sich in dieser Form der »Israelkritik« nicht eben doch die Forderung, dass der jüdische Staat sich selbst aufgeben und auflösen soll? Dass also das Jüdische aufhören müsste, in selbstbestimmter Form zu existieren? Was anderes wäre das dann als antisemitisch?

Übrigens ist ein Narrativ, das in manchen linksliberalen Kreisen existiert, dass es ja verboten sei, den »Staat der Holocaust-Überlebenden« zu kritisieren, ihn in irgendeiner Form anzugreifen. Aber stimmt das wirklich? Ein kurzer Sprung zurück in die Geschichte. Der französische Staatspräsident Charles de Gaulle kündigte von einem Tag auf den anderen die Sicherheitskooperation mit Israel nach dem Sechstagekrieg 1967 auf und brachte die israelische Armee damit in arge Nöte, da beispielsweise die israelische Luftwaffe mit französischen Mirage-Kampfjets ausgestattet war. Die Briten waren Israel auch nicht stets wohlgesonnen, die osteuropäischen Staaten waren als Teil des Warschauer Pakts sowieso anti-israelisch, weil »anti-imperialistisch«. Nicht zu vergessen: Die Weigerung der europäischen Staaten 1973, amerikanischen

Flugzeugen Überflug- oder Landerechte zu geben. US-Präsident Nixon hatte die »Operation Nickel Grass« genehmigt, eine Luftbrücke, die Israel mit Waffen und anderem militärischem Material versorgte, nachdem Israel zu Beginn des Yom-Kippur-Krieges enorme Verluste erlitten hatte. Die Europäer wollten den US-Flugzeugen nicht helfen, weil sie die arabische Ölboykott-Drohung fürchteten. Lediglich Portugal war bereit, Lande- und Überflugrechte zu gewähren und den Maschinen somit die Möglichkeit zum Auftanken auf dem langen Weg von den USA in den Nahen Osten zu garantieren. Wenn es also nach Europa gegangen wäre, inklusive der Bundesregierung, hätte Israel in jenem Krieg keine Chance gehabt, es hätte das Ende des Judenstaates bedeuten können.

Wie auch immer man die Entwicklungen in Europa einschätzen will, für die meisten Israelis sind sie ein Beweis, dass Israels *raison d'être* heute mindestens so gültig ist wie zur Zeit der Staatsgründung: Es ist ein schützender Hafen vor Verfolgung. Wie sicher Israel für Juden tatsächlich ist, ist eine Frage, die sich für viele Staatsbürger nicht stellt. Sich selbst verteidigen zu können, ist der ultimative Ausdruck von Freiheit und Unabhängigkeit. Die Zeiten des Shylock sind vorbei. Selbst wenn viele Israelis liebend gern auswandern würden, weil sie die politischen Verhältnisse kaum noch ertragen, so tun sie es stets mit dem Wissen, dass der Staat existiert. Dass sich im 21. Jahrhundert zur Gefahr von rechts auch eine intellektuelle Gefahr von links gesellt, wird immer offensichtlicher. Die Schriftstellerin Eva Menasse, die ebenfalls zu den »Weltoffenen« gehört, hatte in der Debatte im *Spiegel* ein wütendes Essay veröffentlicht, in dem sie sich vor allem darüber aufregte, dass die eigentliche Gefahr für Juden nach wie vor von rechts am größten sei. In einem Punkt hat sie recht. Physische Gewalt gegen Juden kommt immer noch von rechts und von Muslimen und nur selten von links. Aber die intellektuellen Diskussionen über die Bedeutung des Holocaust und das Existenzrecht Israels werden die Politik gegenüber Juden und Israel langfristig neu formulieren und bestimmen. Das wird sich wohl auch kaum aufhalten lassen, dafür sorgen allein schon die demografischen Entwicklungen in der Bevölkerung mit Menschen mit Migrationshintergrund. Für Juden in Deutschland und ganz Europa ist schon seit langem ersichtlich, dass der Antisemitismus in jeglicher Spielart deutlich zunimmt, die Statistiken bestätigen das ja auch. In Israel wird dies vor allem die rechtsnationalen Kräfte stärken. Sie werden sich in ihrem Weltbild bestätigt sehen. Und diejenigen, die wegen des Antisemitismus in ihren Heimatländern nach Israel auswandern werden, werden mit ihren Erfahrungen eher zu Gegnern einer pluralistischen Gesellschaft und entsprechend ihr Wahlverhalten ausrichten.

4 – Ist Israel ein fundamentalistischer Staat?

2010 befand sich Premier Benjamin Netanyahu in einem offenen Schlagabtausch mit dem damaligen US-Präsidenten Barack Obama. Der rechtskonservative Premier und der linksliberale Präsident mochten und verstanden sich nicht. Die beiden ideologisch so unterschiedlichen Welten und die persönliche Abneigung versprachen eine komplizierte Zusammenarbeit zwischen den Verbündeten Israel und USA. Erst recht, nachdem Obama durchgesetzt hatte, dass Israel offiziell seine Bautätigkeiten im Westjordanland für zehn Monate einfrieren musste. Der smarte Obama hoffte, die Palästinenser auf diesem Weg wieder an den Verhandlungstisch zu bringen. Wie so viele vor ihm, wollte der erste schwarze Präsident der Vereinigten Staaten Frieden stiften im Dauerkonflikt zwischen Palästinensern und Israelis.

Während Netanyahu dem Bau-Moratorium zähneknirschend mehr oder weniger Folge leistete – er ließ in Jerusalem weiterbauen, das für ihn kein »besetztes Gebiet« ist, sondern die ewige Hauptstadt Israels –, setzte sich vor allem der harte ideologische Kern der Siedler über Obamas »Dekret« hinweg. Die sogenannte »Hilltop-Youth«, also die radikale Jugend, die auf den Hügeln des Westjordanlands immer neue illegale

Siedlungen baute, machte in ihrem Bemühen, immer mehr Land für das jüdische Siedlungsprojekt in Beschlag zu nehmen, nicht nur weiter, sondern intensivierte ihr Bemühen. Unterstützt wurden die jungen Aktivisten von einigen Führungspersönlichkeiten der Siedlerbewegung wie etwa Daniella Weiss, die eine der wichtigsten und inzwischen größten Siedlungen in der Nähe von Nablus aufgebaut hatte, Kedumim. Über WhatsApp-Gruppen wurden überall in Judäa und Samaria, wie die Siedler das Westjordanland mit seinen biblischen Namen nennen, neue Siedlungen gegründet. Das Prinzip ist immer das gleiche. Man stellt mit ein paar Fertigbauteilen Hütten auf einen Hügel in der Nähe einer Stammsiedlung. Dazu kommen noch ein paar Wohnwagen und Generatoren, und fertig ist die neue »illegale Siedlung«. Da übernachten dann zwei, drei Familien oder auch nur Jugendliche, die sozusagen den neuen »Claim« bewachen und so Fakten schaffen. Wenn sie Glück haben, dann geschieht nichts, irgendwann werden sie an das Wasser- und Stromnetz der nächstgelegenen größeren Siedlung angeschlossen, die von der israelischen Regierung, egal welcher, irgendwann mal als »legal« eingestuft und somit an die israelische Infrastruktur angebunden worden war. Und dann wird die illegale Siedlung eines Tages auch als »legal« erklärt. Wenn die Siedler Pech haben, dann kommt die Armee oder die Polizei und zerstört die Siedlung. Doch häufig ist das nicht wirklich ernst gemeint. Die Armee kommt, die paar Hütten werden abgerissen, die Siedler bauen sie wieder auf. So geht das hin und her. Warum? Weil es irgendeinen gerichtlichen Erlass gibt, der befolgt werden muss, den die Siedler, allen voran die radikalen Jugendlichen, die die Gesetze des »araberfreundlichen« Israel nicht interessieren, unterlaufen. Irgendwann haben die Armee, der Grenzschutz, die Polizei keine Lust mehr auf diese Spielchen und lässt die Siedler gewähren. Oder die Regierung findet eine politische und gesetzliche Möglichkeit, die paar Hütten und Wohnwagen einfach stehen zu lassen und zu akzeptieren. Manchmal allerdings wurde in der Vergangenheit tatsächlich Ernst gemacht mit dem Abriss einer Siedlung. So etwa am 1. Februar 2017 in einem Außenposten der Siedlung Amona, die 1995 gegründet wurde. Das Oberste Gericht Israels hatte verfügt, dass der Außenposten geräumt werden müsse, da er auf privatem palästinensischem Gebiet errichtet wurde. Am 31. Januar hatten die Bewohner die Aufforderung erhalten, Amona innerhalb von 48 Stunden zu verlassen. Daraufhin geschah genau das Gegenteil. Viele radikale Siedler aus dem Westjordanland kamen zur Unterstützung in den Ort, um eine Zwangsräumung zu verhindern. Mit einem riesigen Aufgebot an Sicherheitskräften wurde diese dann dennoch gewaltsam durchgesetzt. Es kam zu regelrechten Schlachten zwischen Polizei und Siedlern mit vielen Verletzten auf beiden Seiten. Der Widerstand war so groß, dass die Räumung erst am nächsten Tag beendet werden konnte. Kurz danach begann man die Häuser abzureißen. Doch was sich für die Siedler zu diesem Zeitpunkt wie eine erneute Niederlage nach dem Abzug aus Gaza 2005 anfühlte, entpuppte sich im Nachhinein als Erfolg für sie. Israel verabschiedete kurz nach der Räumung des Außenpostens von Amona das sogenannte Regulierungsgesetz, das eine rückwirkende Legalisierung von illegal gebauten Siedlungen seit 1995 ermöglichte.

Die Neugründung von Siedlungen ist nicht nur Teil eines Plans, das Westjordanland vollständig in jüdische Hand zu bringen, da sich dort einst das biblische Israel befand und die jüdische Geschichte der biblischen Zeit abgespielt hat. Es geht immer auch um die Errichtung des »HaBait HaShlishi«, des »Dritten Hauses«. Gemeint ist der Dritte Tempel, der eines Tages genau dort errichtet werden soll, wo einst die beiden vorherigen jüdischen Tempel standen: Auf dem Tempelberg, dort, wo sich heute der Felsendom und die Al-Aksa Moschee befinden.

Den ersten Tempel errichtete König Salomon, der zweite wurde von den Juden nach ihrer Rückkehr aus dem babylonischen Exil gebaut und von Herodes dann prunkvoll ausgestattet und vergrößert. Mit der Zerstörung des Zweiten Tempels durch den römischen Feldherrn Titus im Jahr 70 n. Chr. war die Geschichte der jüdischen Unabhängigkeit, des jüdischen Staates mehr oder weniger beendet. Seitdem träumen und beten gläubige Juden auf der ganzen Welt, dass endlich der Messias erscheinen möge und den Dritten Tempel aufbaut. Dann nämlich, am Tag der Erlösung, werden alle Juden nach Jerusalem zurückkehren und die Toten wiederauferstehen. Der Dritte Tempel oder das »Dritte Haus« ist ein Erlösungsversprechen, eine Rückkehr zu den Zeiten, als sich Gott seinem Volk zu erkennen gab, als das Volk Israel in völligem Einklang mit seiner Bestimmung und Identität als eigenständige, auserwählte Nation im eigenen Staat leben konnte. So zumindest die Überzeugung, so der Glaube.

Während vor allem ultraorthodoxe Kreise geduldig auf diesen Tag warten, in Vertrauen auf die Wege Gottes, der allein entscheidet, wann die Zeit der Erlösung beginnen wird, will die Siedlerbewegung nichts weniger als diesen Tag »herbeizwingen«. So schnell wie nur möglich. Sie sind die Speerspitze jener messianischen Juden, die nun in der israelischen Regierung sitzen und deren Ziele alles sind, nur nicht realpolitisch. Radikale Politiker wie Itamar Ben Gvir und Bezalel Smotrich, die im Dezember 2022 zu Ministern für Nationale Sicherheit sowie Finanzen und zivile Angelegenheiten in den besetzten Gebieten berufen wurden, arbeiten für ein »höheres Ziel«. Sie wollen den real existierenden Staat Israel seiner »wahren Bestimmung« zuführen, koste es, was es wolle. Das ist keine Frage mehr von links oder rechts. Für sie ist selbst Premier Benjamin Netanyahu nur ein Mittel zum eigentlichen Zweck, er selbst ist ihnen nicht wichtig. Er ist für die gesamte Bewegung der ideologischen Siedler im Grunde nur ein Steigbügelhalter, um so viel Macht zu erlangen wie nur möglich, um den Staat zu schaffen, von dem sie träumen: einen halachischen Staat, einen Staat, der nach dem jüdischen Religionsgesetz geführt wird, in den einstigen Grenzen vom Mittelmeer bis zum Jordan. Einen Staat auf dem Weg zur Erlösung, einen Staat, der alles tut, um das Dritte Haus zu bauen.

Diese Theologisierung der israelischen Politik begann schon sehr früh, im Grunde bereits mit der Balfour-Deklaration 1917, als der britische Außenminister den Juden eine nationale Heimstätte in Palästina versprach. Diese Erklärung war ein Meilenstein in der Geschichte des Zionismus. Und sie war eine krachende Ohrfeige für die Ultraorthodoxen jener Zeit, die die Welt nicht mehr verstanden.

Der Zionismus begann ja bekanntlich als säkulare Bewegung, die nicht nur ein alternatives Angebot für eine jüdische Identität außerhalb der Halacha darstellte, sondern auch eine Provokation für sehr viele orthodoxe Strömungen im Judentum, die daran glaubten, dass es dem jüdischen Volk untersagt sei, einen Staat zu gründen. Dies sei dem Messias vorbehalten, so wie es die heilige Überlieferung besagt. Niemand habe das Recht, dem Schicksal und Gottes Willen vorzugreifen. Deswegen wurden die »Ziojnim«, wie sie auf Jiddisch verächtlich genannt wurden, vom Großteil der Orthodoxie nicht nur als Gotteslästerer angesehen, sondern auch noch als betrügerische Juden. Doch mit der Deklaration von Lord Balfour brachen Irritation und Unsicherheit in vielen frommen Kreisen aus. Wie konnte es sein, dass Gott diesen Apikorsim, diesen Atheisten, plötzlich so viel Erfolg vergönnte? Wie konnte es sein, dass die Entstehung eines jüdischen Staates von den mächtigen britischen Goyim unterstützt wurde, dass also nach 2000 Jahren Diaspora ein jüdischer Staat zumindest eine reale Option zu werden schien?

Diese Entwicklung widersprach allem, woran die Frommen glaubten, allem, was die Schriften prophezeiten. Was war los auf dieser Welt, die Gott doch geschaffen hatte und die seinem Willen unterlag? Die Verunsicherung reichte tief, niemand wusste eine Antwort auf eine der wichtigsten religiösen Fragen der jüdischen Welt jener Zeit. Doch dann wusste ein Rabbiner endlich Rat. *Ein* Rabbiner fand die theologische Antwort für diesen scheinbaren Widerspruch zwischen Gottes Wort und der Realität.

Raw Abraham Isaac Kook, der von 1865 bis 1935 lebte, war der erste aschkenasische Oberrabbiner Palästinas und ein wichtiger religionsphilosophischer Denker und Gelehrter jener Zeit. Seine Antwort auf den scheinbaren Antagonismus, mit dem sich die fromme Welt herumschlug, fand er in einer Analogie aus biblischen Zeiten. Er sah die nicht-religiösen, oftmals sozialistischen Zionisten als Handwerker Gottes an.

Der jüdische Tempel, in dem es regelmäßig Tieropfer gab, musste immer mal wieder gereinigt und renoviert werden, wie jedes profane Gebäude auch. Für diese Arbeit mussten die Handwerker aber auch das Allerheiligste betreten, den zentralen Raum, in den nur ein einziger Mensch an einem einzigen Tag im Jahr eintreten durfte: der Hohepriester. Der Tag: Yom Kippur, der höchste jüdische Feiertag, der Versöhnungstag, am dem nichts gegessen und nichts getrunken werden darf. Um in das Allerheiligste, wo sich wahrscheinlich auch die Bundeslade befand, eintreten zu dürfen, musste der Hohepriester besondere rituelle Waschungen vornehmen. Nachdem er diesen Raum dann betreten hatte, bat er Gott um Vergebung für die Sünden des Volkes. Er stand in diesem Raum sozusagen unmittelbar vor Gott. Die Kabbala, die Gott als einen Baum mit zehn Emanationen darstellt und ihn auf Hebräisch »Ein Sof«, also: »unendlich« nennt, erklärt, dass sich in diesem Raum die weibliche, die irdische Emanation Gottes befand, die sogenannte »Schechina«. Dieser Begriff bedeutet so viel wie »Wohnstätte«, das Allerheiligste ist also die Heimstätte Gottes auf Erden unter seinem auserwählten Volk. Später, nach der Zerstörung des Tempels, als die Rabbinen um den weisen Yohanan Ben Zakkai das heute bekannte »rabbinische Judentum« entwickelten, in dem sie den zentralen Tempeldienst transzendierten und metaphysisch in den Gottesdienst der Synagogen uminterpretierten, ging die »Schechina« mit den Juden ins Exil. Jeder Jude kann natürlich immer auch allein beten. Doch für ein Gemeinschaftsgebet braucht es mindestens zehn Männer, so die Regelung bis heute, im liberalen Judentum werden auch die Frauen mitgezählt. Es braucht zehn Betende, damit sich die Schechina unter ihnen niederlassen kann, egal, wo diese Juden beten. So ging die weibliche Emanation Gottes, nach den Lehren Ben Zakkais, quasi mit in die Diaspora.

In den Zeiten des Tempels allerdings war sie im Allerheiligsten. Und nun mussten also die Handwerker auch in diesen Raum. Was tun? Man fand eine pragmatische Lösung. Für die Renovierung wurde die Heiligkeit des Tempels »außer Kraft« gesetzt. Man entfernte für diese Zeit die Bundeslade und andere wichtige Ritualgegenstände aus dem Tempel. Und schon konnten sich die Handwerker darin bewegen wie in jedem anderen Gebäude auch, sie durften nun auch das Allerheiligste betreten. Wenn die Renovierungsarbeiten abgeschlossen waren, wurde der Tempel wieder neu geheiligt, es wurde heiliges Öl entzündet, die heiligen Gegenstände wieder in einem Ritual und mit Gebeten in den Tempel zurückgebracht, die Heiligkeit war wieder eingesetzt.

Raw Kook übernahm diese Vorgehensweise aus der Zeit des Tempels und interpretierte sie um. Die säkularen Zionisten wurden zu Handwerkern erklärt, die das Heilige Land auf die Ankunft des Messias vorbereiteten. Sie waren die Vorhut, die die Zeit der Erlösung vorantreiben sollten. Das geheiligte Land war Jahrhunderte in den Händen von Nichtjuden gewesen, es musste jetzt in einen Zustand versetzt werden, der die Ankunft des Messias ermöglichte. Dafür brauchte es die Zionisten. Sie waren in der Vorstellung Kooks Teil des göttlichen Plans und somit theologisch gerechtfertigt.

Nicht alle frommen jüdischen Gruppierungen übernahmen diese Sichtweise. Vor allem in ultraorthodoxen Kreisen gibt es bis heute Gruppen, die den Zionismus strikt ablehnen, ja, die die Zerstörung des jüdischen Staates herbeisehnen, weil er in ihren Augen ein Verbrechen an den Geboten Gottes ist. Diese Ultrafrommen findet man immer wieder bei anti-israelischen Demonstrationen in Teheran oder anderswo am sogenannten Al-Kuds-Tag, einem Protesttag, den das iranische Regime nach der Islamischen Revolution 1979 eingeführt hatte. An diesem Tag wird gegen die Besatzung des »zionistischen Gebildes«, wie Israel nur genannt wird, protestiert, die Besatzung in ganz Jerusalem. Und man schwört, dass man den jüdischen Staat vernichten werde. Diese anti-zionistischen Juden sind auf diesen Veranstaltungen gern gesehene Gäste, sie unterstreichen sozusagen die »Legitimität« der Absicht, Israel zerstören zu wollen, und werden von den Ayatollahs missbraucht, ohne dass diese jüdischen »Frommen« begreifen, was mit ihnen getrieben wird.

Diejenigen, die Raw Kooks theologischen Gedanken folgten, entwickelten sich zu den sogenannten nationalreligiösen Zionisten, also jenen, die schließlich die Siedlerbewegung Gush Emunim gründeten. Doch selbst wenn viele Fromme Kooks Idee ablehnten, so sind militante anti-zionistische Orthodoxe eine Minderheit innerhalb des großen Topfes an religiösen Strömungen im Judentum. Denn nach der Shoah sahen viele Rabbiner, die theologisch eigentlich gegen die Gründung des zionistischen Staates waren, dennoch ein, dass es den jüdischen Staat brauchte, um das Überleben des jüdischen Volkes zu sichern. Zumindest war man nach Auschwitz überzeugt, dass dies der einzige Weg sei, um die Zukunft der Juden garantieren zu können.

Im Sinne Raw Kooks konnte damit die gesamte zionistische Geschichte religiös interpretiert werden. Mit der Gründung des Staates Israel begann das, was in den Schriften als »Kibbutz Galuyot«, als »Einsammlung der Exilierten« beschrieben wird. Juden wanderten tatsächlich aus allen Winkeln dieser Erde nach Israel ein. Sie kamen aus Europa, den USA, aus Afrika und dem Nahen Osten. Die Zeit der Erlösung schien nun nah, die Gründung des Staates war ein Versprechen dafür. Nicht nur für ein geschundenes, abgeschlachtetes Volk, das drei Jahre nach Auschwitz seine Unabhängigkeit erhielt. Die Entstehung Israels schien wie ein Versprechen Gottes, dass ER nach der Katastrophe seinem Volk die Hand reicht und es zu seiner Erlösung führen wird. Die Theologisierung der Politik des Staates Israel war also unterschwellig immer schon vorhanden, selbst wenn die Zionisten der Gründergeneration mit dem praktizierten Glauben nur wenig am Hut hatten und sich Israel als einen säkularen und sozialistischen Staat vorstellten und ihn genau so aufzubauen versuchten.

Doch mit dem Sechstagekrieg 1967 begann sich alles zu verändern. Das »Versprechen Gottes« wurde nun scheinbar eindrucksvoll unterstrichen. Die Eroberung der Gebiete, die heute allgemein als »besetzte Gebiete« bezeichnet werden, die Eroberung des Westjordanlands, des eigentlichen biblischen Israel, die Rückeroberung der Heiligen Stätten und wichtiger Gräber der Stammväter und -mütter und Propheten wurden von vielen in der Tat als göttliches Zeichen gesehen. Nach 2000 Jahren Diaspora und nur 22 Jahre nach dem Holocaust. Und nicht nur fromme Juden sahen die Hand Gottes mit im Spiel, auch nichtreligiöse Juden begannen 1967 an ein Wunder zu glauben.

In dieser euphorischen Atmosphäre nach dem Sechstagekrieg entwickelte sich die »Handwerker«-Analogie fast zwangsläufig weiter. Es war der Sohn jenes Raw Abraham Isaac Kook,

Raw Zvi Yehuda Kook, der dafür wiederum die theologischen Grundlagen lieferte. Er gilt als geistiger Vater der religiösen Siedlerbewegung, des Gush Emunim, des »Blocks der Getreuen«. Ihr theologisches Rüstzeug holten sich diese frühen Eiferer in der Merkaz-haRav-Yeshiva, der Religionsschule von Rabbi Zvi Yehuda Kook, die bis heute in Jerusalem existiert. Es galt nun das Werk der säkularen Zionisten zu vollenden. Jetzt aber bereits im religiösen Bewusstsein der Aufgabe. Ganz Israel, Eretz Jisrael, musste besiedelt werden, um es heilig zu machen, um es vorzubereiten auf die Ankunft des Messias, das war die Botschaft des Raw Zvi Yehuda Kook. Und dass er kommen wird, schien außer Zweifel zu stehen. Die Zeichen dafür waren doch offensichtlich. Nicht nur für die Juden. Für die ganze Welt. Die Fahne des jüdischen Staates wehte über ganz Zion, über ganz Jerusalem, war das nicht Zeichen genug?

Für die Schüler von Raw Kook, dem Sohn, war alles klar und deutlich. Sie entwickelten ihre Endzeit- und Erlösungsfantasien, die Raw Kook befeuert hatte, immer weiter. Diese religiösen Eiferer waren nicht bereit, sich von irgendjemandem aufhalten zu lassen. Nicht von den israelischen Politikern, nicht von den Palästinensern, von nichts und niemandem. Der inzwischen verstorbene Eliezer Waldman war einer derjenigen, der zu dem engen Kreis der Gush Emunim gehörte. Er und seine Freunde wussten genau, was das bedeutete: »Wir lebten in der Yeshiva in einer ständigen Anspannung und in Erwartung der nächsten Stufen auf dem Weg zur Erlösung. Wir wussten, dieser Prozess ist nicht einfach, wir wussten das immer«, erzählte er mir 2010, als ich ihn in Hebron besuchte. Aber sie gingen ihn. Ohne Zögern, ohne Zweifel, ohne Rücksicht auf die möglichen politischen oder persönlichen Konsequenzen. Wie die frühen Zionisten, so waren auch sie bereit, ihr Leben zu riskieren, mitten im Palästinensergebiet. Diesmal aber für eine religiöse Vision, keine irdische.

Als die frühen Zionisten begannen, Palästina zu besiedeln, gründeten sie noch vor der Entstehung des Staates 1948 auch in der Gegend zwischen Jerusalem und Bethlehem, dem Etzion Gebiet, ganz in der Nähe der Grabstätte der Stammmutter Rachel, einige Kibbutzim. Einer hieß Kfar Etzion. Doch während des israelischen Unabhängigkeitskrieges 1948 fiel das Gebiet in die Hände der Jordanier, die Männer von Kfar Etzion wurden alle getötet, Frauen und Kinder, darunter der kleine Hanan Porat, konnten gerettet werden. Porat träumte sein Leben lang davon, nach Kfar Etzion zurückzukehren. Als Israel dann 1967 das Westjordanland eroberte, machte er sich sofort daran, seinen Plan, den Kibbutz wieder aufzubauen, umzusetzen. Natürlich war auch Porat ein Schüler Raw Kooks. So bestürmte er den damaligen Verteidigungsminister Mosche Dayan mit einem Bibelzitat: »Und deine Söhne sollen zurückkehren in ihre Grenzen« und bat ihn um Genehmigung, ins Etzion-Gebiet zu dürfen. Dayan soll ihm mit folgenden Worten geantwortet haben: »Ich schätze eure Nostalgie, sie berührt mein Herz. Aber mit Nostalgie macht man keine Politik. Wir warten darauf, dass die Araber zum Telefon greifen und uns anrufen. Und dann brauchen wir die Gebiete als Verhandlungsmasse«. Nach dieser Absage wandte sich Porat an Premier Levi Eshkol und formulierte seinen Wunsch ein wenig anders. Er und seine Freunde wollten ins Etzion-Gebiet, um dort an Rosh Hashana, dem jüdischen Neujahrsfest, zu beten. »Nun, Kinderlech«, sagte Eshkol mit der liebevollen jiddischen Formulierung, »ihr wollt beten gehen? Dann geht«. Porat und seine Mitstreiter nahmen die Worte des Premiers ernst. Einige Organisationen, die sich ebenfalls der Besiedlung der »befreiten Gebiete« widmeten, halfen Porat bei den Vorbereitungen. Nur zwei Tage nach dem Okay des Premiers waren er und seine Freunde schon dort angekommen und gingen nie wieder weg. Kfar Etzion war bald wieder aufgebaut. In Porats Vorgehen ist schon die gesamte Strategie der Gush Emunim bis zum heutigen Tag angelegt: Unter Vorgaukelung falscher Tatsachen macht man sich auf den Weg, nutzt die Unentschiedenheit der Politiker aus und schafft Tatsachen vor Ort.

Die Unentschiedenheit von Dayan, Eshkol und vielen anderen lag vor allem daran, dass sie zunächst nicht so richtig wussten, was sie mit den Gebieten machen sollten, die Israel im Krieg so überraschend in die Hände gefallen waren. Die messianischen Schüler der Merkaz-haRav-Yeshiva wussten es umso besser. Nur ein Jahr später, 1968, bezog eine Gruppe nationalreligiöser Gläubiger unter Führung von Rabbi Moshe Lewinger das Park-Hotel in Hebron. Überflüssig zu sagen, dass auch Lewinger ein Schüler Raw Kooks war. Und wieder behalfen sich die Messianisten mit einer »Notlüge«. Man erklärte der israelischen Militärverwaltung, man wolle lediglich das Pessachfest in der Nähe der Gräber der Patriarchen feiern. Aber Eliezer Waldman sagte bereits damals in Hebron gegenüber dem israelischen Fernsehen ohne Wenn und Aber: »Unsere Antwort auf Gottes Ruf, das Land wieder zu übernehmen, ist, hier zu siedeln. Wir sind sicher, dass die israelische Regierung uns genehmigen wird, hier zu bleiben, von hier aus werden wir in die Wildnis hinausgehen und eine Stadt bauen.«

Die jungen nationalreligiösen Idealisten blieben, ganz wie sie es vorausgesagt hatten. Aber in Hebron waren sie ein kleiner Haufen mitten in einer arabischen Stadt. Das war gefährlich. Daher unterstützte die Armee die Siedler inoffiziell, sie gab ihnen Waffen und Munition. Schließlich hatten viele der jungen Siedler zuvor in Eliteeinheiten gedient, sie waren Kriegshelden, sie gehörten zu ihnen. Die Begeisterung, dass seit dem schrecklichen Pogrom gegen die jüdische Gemeinschaft in Hebron 1929, bei dem 67 Juden ermordet wurden, Juden wieder zurück in der Stadt waren, direkt neben der Höhle Machpela, der Grabstätte der Stammväter und -mütter – außer Rachel, sie liegt in der Nähe von Bethlehem begraben –, war so groß, dass die Regierung es nicht wagte, sie von dort wieder zu vertreiben.

Die Politik blieb weiter uneins, was mit den besetzten Gebieten geschehen soll. Yigal Allon, damals Arbeitsminister, entwickelte einen Plan, nachdem Israel einen Teil der Gebiete behalten, der Rest aber nach Verhandlungen an Jordanien zurückgegeben werden sollte. Doch bereits 1967 hatte die Arabische Liga in Khartum ihre drei Neins festgeschrieben: Nein zum Frieden mit Israel, Nein zur Anerkennung Israels, Nein zu Verhandlungen mit Israel. Und so kam der Plan der Regierung einfach mal in die Schublade. Das Ergebnis war ein völliger politischer Stillstand. Und die Gruppe, die die Initiative ergriffen hatte und in die Gebiete gegangen war, gewann die Oberhand. Nach der Entscheidung von Khartum waren aber selbst linke, überaus säkulare Politiker überwältigt von der Hoffnung, Israel könnte beides, die Gebiete behalten und damit Besatzungsmacht über Millionen Palästinenser sein, und dennoch eine Demokratie bleiben. Dahinter stand die »Strategie«, darauf zu warten, dass die Araber endlich anrufen, aber gleichzeitig dafür zu sorgen, dass die Leitung belegt war.

Doch dann kam der Oktober 1973, der Yom-Kippur-Krieg, der der wirkliche, alles entscheidende Anstoß für die Siedlerbewegung werden sollte. Am höchsten jüdischen Feiertag griffen Ägypten und Syrien Israel überraschend an. Der jüdische Staat verlor nicht nur mehr als 2000 Soldaten, sondern auch seinen Nimbus, unbesiegbar zu sein. Nach Kriegsende befand sich das ganze Land daher in einem kollektiven, nationalen Trauma. Daraufhin hatten mehrere Anhänger von Raw Kook gleichzeitig die Eingebung, dass es Zeit sei zu handeln. Hanan Porat, der im Krieg schwer verletzt wurde und im Krankenhaus lag, hatte die Idee, Gush Emunim, den »Block der Getreuen«, zu gründen. Er schrieb seinen Freunden einen Brief mit einem Zitat aus der Thora: »Zion, fürchte dich nicht. Lasse deine Hände nicht schwach werden. Habt keine Panik.« Bei unserer Begegnung in Kfar Etzion, ein Jahr vor seinem Tod, war Porat schon schwer gezeichnet vom Krebs. Aber immer noch war er voller Verve, er glühte geradezu, als er mir von den Anfängen der Bewegung erzählte, und wiederholte noch einmal: »Zion, fürchte dich nicht!« Ähnlich wie Porat hatte auch Daniella Weiss eine solche Eingebung, wie sie mir in Kedumim erzählte: »Es war zwei Uhr nachmittags an Yom Kippur 1973. Da hörte ich, dass der Krieg ausgebrochen war, und ich begriff plötzlich: Wow! Gott spricht zu mir! Zu mir und auch zu anderen Juden in Israel. Aber ich fühlte, dass Gott mich ganz persönlich ansprach. Wie kommt es, dass du so gleichgültig bist gegenüber dem wunderbaren Geschenk, das ich dir gemacht habe? Vor sechs Jahren im Sechstagekrieg. Das ganze Israel für dich, Daniella, und das jüdische Volk!«

Sie wussten alle: nun war ihre Stunde gekommen. Sie packten den Stier bei den Hörnern, sie wollten, sie mussten dem Ruf Gottes folgen – oder dem, was sie dafür hielten.

Die alte Bahnstation von Sebastia aus der Osmanischen Ära sollte 1975 zum Schicksalsort des Gush Emunim werden. Mehrere Male hatten Moshe Lewinger, Hanan Porat und andere führende Figuren versucht, sich hier niederzulassen. Doch immer wieder hatte die Armee dies verhindert. Im Dezember 1975 kamen schließlich immer mehr junge fanatische Gläubige nach Sebastia, wild entschlossen, sich von der Armee nicht noch einmal vertreiben zu lassen. Rasende Euphorie hatte die Siedler ergriffen. Benny Katzover, auch er ein Mann der ersten Stunde, hatte die Lage damals kühl analysiert. In der Siedlung Elon Moreh, wo ich ihn besuchte, sitzen wir auf einer Anhöhe und lassen den Blick über die wirklich atemberaubende, biblische Landschaft von Samaria schweifen. Er erinnert sich gut, wie er damals die Lage betrachtete, denn er denkt heute kein Jota anders: »Mir war damals klar: Wenn Samaria ohne Juden bleibt, verlieren wir die Legitimation für den ganzen Staat Israel. Die Anfänge des jüdischen Volkes waren hier in Shchem, in Nablus. Es war die erste Station von Abraham, sein Enkel Jakob kam immer wieder hierher zurück. Hier wurde zwischen Gott und den Juden der erste Bund geschlossen. Hier wurde das jüdische Volk als Nation geschaffen. Wenn dies nicht dem jüdischen Volk gehört, gehört dann Tel Aviv dem jüdischen Volk?«

Yitzhak Rabin, der damals das erste Mal Premier war und die Siedlerbewegung nicht mochte, hatte seinen Verteidigungsminister Shimon Peres nach Sebastia geschickt, um eine Lösung zu finden. Peres, schon damals politischer Rivale Rabins innerhalb der Arbeitspartei, war ein Anhänger der Siedler. Er erlaubte ihnen zu bleiben. Zwar nicht in Sebastia, aber im daneben liegenden Militärlager Kadum. Dort sollten sie fürs Erste übernachten. Das wurde dann als Kompromiss verkauft. Doch in Wahrheit hatte die Regierung kapituliert. Aber es war noch viel mehr: In diesem Zustand des kollektiven Traumas nach dem beinahe verlorenen Krieg boten die energiegeladenen Eiferer einen Weg aus dem Schmerz und der Schmach an, während die alte Garde das Gefühl hatte, Israel sei am Ende. Premierministerin Golda Meir und viele andere hatten nach dem Krieg ihren Hut nehmen müssen. Die ihr folgten, mussten einen politischen Trümmerhaufen übernehmen. Und da kamen die Porats und Lewingers, die Weiss' und Katzovers und Waldmans und riefen den Israelis zu: »Hier, wir bieten euch einen neuen Zionismus an, greift zu!« Und sie griffen zu, vor allem nach 1977 unter Premier Menachem Begin und mit Hilfe des ehemaligen Generals Ariel Sharon, der in Begins Kabinett zum Vater der Siedlerbewegung wurde. Sharon träumte davon, über eine Million Juden nach Judäa und Samaria zu bringen. Er entwickelte einen genauen Plan, um das gesamte Westjordanland mit Siedlungen zu überziehen, um damit Israel strategisch abzusichern und gleichzeitig einen palästinensischen Staat für immer zu verhindern. Was sich hier zu vermischen begann, war auf der einen Seite die tief religiöse, messianische Ideologie, auf der anderen Seite eine vermeintlich sicherheitspolitische Überlegung, um das Überleben des Staates Israel zu garantieren. Ein Mix, der über Jahrzehnte andauern sollte und dessen Grenzen sich mehr und mehr verschoben – nicht nur auf der Landkarte, sondern auch in den Köpfen der Menschen.

Aber mehr noch: Mit der Gründung der »Peace Now«-Bewegung 1978 bekamen die Gegner der Siedlerbewegung eine Stimme. Der Riss, der die israelische Gesellschaft bis heute mehr und mehr spaltet, wurde damals allmählich sichtbar. Eliezer Waldman erzählte mir bei meinem Besuch in Hebron 2010, im Ton ganz wie ein gütiger Vater, der seinen törichten Kleinkindern ihre Fehler verzeiht, dass »einige unserer Brüder in Israel« das ganze Konzept der Erlösung nicht begriffen, dass es ihnen fremd sei. Waldman sprach im Stile eines Geistlichen, der so tief von seiner Mission ergriffen und überzeugt ist, dass er keine Zweifel hat, dass eines Tages alle Juden aufwachen und ihm und den anderen Siedlerführern folgen würden.

Mit Gush Emunim wurde allerdings offensichtlich, dass sich der sogenannte Religiöse Zionismus von dem, was Theodor Herzl unter Zionismus verstand, entfernte. Für Herzl bedeutete Zionismus die Freiheit und politische Unabhängigkeit des jüdischen Volkes, er wäre ja sogar bereit gewesen, dafür an irgendeinen anderen Ort auf der Welt zu gehen. Hauptsache weg vom Antisemitismus, hin zur politischen Selbstbestimmung. Für Gush Emunim wurde der Zionismus zur Herrschaft über den Boden, über das Land. Denn auf diesem Wege soll die spirituelle Freiheit, die Erlösung kommen, eine völlig andere Form der Freiheit. Von Erlösung konnte bei einem so säkularen Juden wie Herzl nie die Rede sein.

Es war klar, dass die Siedlerbewegung bei den Palästinensern Reaktionen provozierte. Sie sehen Palästina als ihr Land an, für sie war das Vorgehen der Siedler einfach nur Landraub. Etliche Jahre nach dem Sechstagekrieg 1967 lebten Palästinenser und Israelis in ihrem Alltag noch einigermaßen friedlich nebeneinanderher, abgesehen vom Terror der PLO. Auch ich erinnere mich noch gut, wie man ohne Angst und Sorgen in Gaza Fisch essen konnte, in Ostjerusalem herumbummelte, in Nablus Knaafe aß oder in Hebron Kaffee trank. Es gab kaum Checkpoints, nur wenige Kontrollen, lediglich israelische Soldaten, die überall patrouillierten. Natürlich war nichts an der Situation »normal«, aber für den einzelnen Besucher aus Israel war es nicht gefährlich, sich in der palästinensischen Gesellschaft zu bewegen.

Doch allmählich änderte sich das. Palästinensische Angriffe auf Siedler und die Gewalt nahmen zu, die Zahl der Todesopfer ebenso. Im Mai 1980 wurden sechs Yeshiva-Studenten in Hebron auf offener Straße ermordet, 16 verletzt. Daraufhin reagierte zum ersten Mal der sogenannte Jüdische Untergrund, eine Gruppe von Siedleraktivisten, die zurückschlug, indem sie islamische Einrichtungen und prominente Palästinenser angriff. So verlor der Bürgermeister von Nablus, Bassam Shakaa, bei einer Autobombenexplosion beide Beine, Karim Khalaaf, der Bürgermeister von Ramallah, ein Bein.

Yehuda Etzion, einer der Aktivisten damals, rechtfertigte die Taten. Man habe erwartet, die israelische Regierung würde etwas tun, zumindest »diese Leute« von hier verbannen. Aber als das nicht geschah, »sahen wir uns berechtigt, diese Menschen selbst anzugreifen«, wie er mir vor dem Hintergrund des Tempelbergs in Jerusalem erzählt. Doch Etzion wollte es bei den Anschlägen auf palästinensische Politiker nicht belassen. In den frühen Achtzigerjahren planten er und seine Freunde einen Anschlag, der im letzten Augenblick vom israelischen Inlandsgeheimdienst Shin Bet verhindert werden konnte. Diese Fanatiker hatten nichts weniger vor, als den Felsendom und die Al-Aksa-Moschee in die Luft zu jagen, um so einen Weltkrieg zwischen den Muslimen und dem jüdischen Staat zu provozieren. Einen Endkrieg, Gog Magog, am Ende der Tage, der schließlich zu einem Sieg des jüdischen Volkes über seine ewigen Feinde führen sollte und zum Bau des Dritten Tempels.

Etzions Vorbereitungen waren ziemlich weit gediehen, er hatte bereits mehrere massive Sprengkörper organisiert, die die vier Säulen der goldenen Kuppel zum Einsturz bringen sollten und die Säulen rund um die Kuppel. In einem Gespräch mit Ari Shavit, das in dessen Buch *Mein gelobtes Land: Triumph und Tragödie Israels* zu finden ist, erzählt Etzion, wie er in seiner Vorstellung bereits die Kuppel in einer riesigen Staubwolke einstürzen sah. Und dann, so Etzion, höre die Verwirrung auf und das »Stottern« Israels, es gebe dann endlich Klarheit, ein Kapitel sei zu Ende, ein neues könne beginnen.

Etzion erhielt für diesen versuchten Terroranschlag, der eine Katastrophe hätte auslösen können, sieben Jahre Haft, von denen er nur fünf absitzen musste. Unter den Richtern befand sich ein Anhänger der Siedlerbewegung, der für die milde Strafe sorgte. Auch da zeichnete sich eine Entwicklung ab, die heute offensichtlich geworden ist. Die Siedler und ihre Gefolgschaft begannen irgendwann den »Marsch durch die Institutionen«, sie besetzten immer mehr wichtige Positionen in Justiz, Politik und bei den Sicherheitskräften. Erlösungsgedanken sind inzwischen überall zu finden, in vielen Kreisen gibt es gar kein Verständnis dafür, dass ihr Handeln ein großes Risiko für Israel darstellen könnte, sie halten ihre Gegner für schwach, für Feiglinge. Die Rückgabe der besetzten oder befreiten Gebiete – je nach ideologischer Terminologie – ist überhaupt keine Option mehr.

Etzion zeigt bis heute keinerlei Reue, in Siedlerkreisen ist er nach wie vor hoch angesehen. In unserem Gespräch bedauert er, dass sein Plan damals nicht geklappt hat: »Schon möglich, dass ein Terrorangriff, der die Moschee auf dem Tempelberg vernichtet hätte, die muslimische Welt dazu gebracht hätte, sich gegen uns zu erheben. Aber ich bin mir nicht sicher, ob der Staat Israel im Lande Israel existieren kann, wenn der Tempelberg in muslimischer Hand bleibt, wenn sie das Sagen haben an dem Ort, der uns Juden an die Offenbarung Gottes bindet. Es gibt keine Rettung für Israel, solange der Tempelberg in nichtjüdischen Händen ist.«

Macht es Sinn, gegen solche Überzeugungen zu argumentieren? Die Radikalisierung auf beiden Seiten, auf der Seite der Siedler und der Palästinenser, nahm immer weiter zu. Als am 25. Februar 1994 der Arzt Baruch Goldstein aus Kiryat Arba, der Siedlung direkt neben Hebron, die Waldman und seine Freunde aufgebaut hatten, als sie in die »Wildnis hinauszogen«, in die Moschee des muslimischen Teils der Grabstätte der Patriarchen eindringt und dort wild um sich zu schießen beginnt, ist das ein entsetzlicher Höhepunkt jüdischer Siedlergewalt in jenen Tagen. Bei dem Anschlag wurde 29 Menschen getötet, 125 zum Teil schwer verletzt, Goldstein wurde von muslimischen Überlebenden zu Tode geprügelt.

Immerhin, Teile der Siedlerbewegung waren schockiert. Benny Katzover erinnert sich: »Es schien unmöglich, dass ein Jude so was tut. Nicht moralisch, nicht praktisch. Wir begriffen später, warum er das tat – er wollte die Araber abschrecken. Aber es war klar, es war kontraproduktiv.« Was man zwischen den Zeilen herauslesen kann: Wenn die »Abschreckung« funktioniert hätte, wäre das Attentat wohl in Ordnung gewesen. Ministerpräsident Rabin rief nur drei Tage später in der Knesset den Siedlern zu: »Ihr seid ein Fremdkörper, seid Unkraut. Das vernunftbegabte Judentum speit euch aus. Ihr habt euch außerhalb des jüdischen Rechts gestellt. Ihr seid eine Schmach für den Zionismus und ein Schandfleck für das Judentum!«.

Starke Worte, gewiss. Doch wieder tat eine israelische Regierung – nichts. Die Siedlung in Hebron löste Rabin nicht auf. Er ließ alles, wie es war. Und bezahlte mit seinem Leben. Der Mann, der mit dem Oslo-Abkommen einen Friedensprozess mit den Palästinensern unter der Führung von Yassir Arafat eingeleitet hatte, wurde von einem jungen Fanatiker am 4. November 1995 nach der größten Friedensdemonstration in der Geschichte Israels mitten in Tel Aviv erschossen. Der Attentäter, Yigal Amir, war kein Siedler, doch er war ein Anhänger ihrer Ideologie. Niemand durfte sich dem großen Projekt, der Entstehung des halachischen Staates und dem Aufbau des Dritten Tempels, entgegenstellen. Die Erlösung war ganz nah. Dafür mussten auch Juden sterben, dafür musste auch ein Premier sterben. Er war ja ein Verräter, da ging das in Ordnung. Ein Rabbiner, Yossi Dayan, hatte sogar ein kabbalistisches Zeremoniell, die sogenannte Pulsa Denura, gegen Rabin durchgeführt, ein Ritual, bei dem Gott gebeten wird, einen »Sünder« zu verfluchen und zu töten.

Israel hatte nun eindeutig vor Augen, wohin sich die Lage entwickeln würde, wenn man den Siedlern nicht Einhalt gebietet. Doch es wurde ihnen kein Einhalt geboten, im Gegenteil. Sie wurden weiter unterstützt. Immer mehr. Nur einer stellte sich ihnen entgegen. Ariel Sharon, ausgerechnet. Der »Vater der Siedlungen« entschied, dass Israel alle Siedlungen und das gesamte Militär 2005 aus Gaza abzog. Bis zum letzten Moment glaubten viele Siedler nicht, dass dies geschehen würde. Gott würde es nicht zulassen. Doch Gott ließ es zu. Israel zog aus Gaza ab. Und aus vier Siedlungen im Westjordanland. Ein halbes Jahr später fiel Sharon ins Koma und erwachte bis zu seinem Tod nicht mehr. Die Siedler sahen das als Zeichen, als Strafe Gottes für den Frevel, Gaza aufgegeben zu haben. Wiederum hatte es ein »Pulsa Denura«-Ritual gegeben – diesmal gegen Sharon –, das auch in einer Presseerklärung veröffentlicht wurde.

Die Siedler schworen sich damals, einen weiteren Abzug nicht mehr zuzulassen, schon gar nicht aus dem Westjordanland, aus Judäa und Samaria, dem eigentlichen biblischen Israel. Nie und nimmer. Und wenn es einen Bruderkrieg bedeuten würde. Und wenn es Krieg mit der Armee bedeuten würde. Dies war die Lehre aus der »Hitnatkut«, aus dem Abzug aus Gaza, der »Abtrennung« von den Palästinensern.

Was folgte, ist bekannt. Israel baut im Westjordanland immer weiter, die Siedler können mehr oder weniger machen, was sie wollen. Es kommt zu Anschlägen und Gegenanschlägen zwischen Israelis und Palästinensern, die Lage ist mal schrecklich, mal entsetzlich, aber die Wahrscheinlichkeit, dass es eines Tages doch noch eine Zwei-Staaten-Lösung geben könnte, schwindet mit jedem neuen Tag, mit jedem neuen Ziegelstein, der im Westjordanland verbaut wird.

Dies ist der ideologische Hintergrund der neuen Politiker wie Itamar Ben Gvir und Bezalel Smotrich, die nun im Zentrum der Macht im jüdischen Staat angekommen zu sein scheinen. Doch es ist nicht nur die Ideologie des Gush Emunim, die sie antreibt. Es ist auch das Denken und Handeln des

Rabbi Meir Kahane, der vor allem für Ben Gvir von Bedeutung ist, dessen Partei Otzma Yehudit einst als Nachfolgepartei von Kahanes verbotener Kach-Partei begonnen hatte.

Rabbi Meir Kahane, der als Martin David Kahane 1932 in den USA geboren wurde, war ein orthodoxer Rabbiner und ultranationalistischer Politiker. Er trat frühzeitig für die Freiheit zur Auswanderung von unterdrückten Juden in der Sowjetunion ein und war ein überzeugter Vertreter von Gewaltmaßnahmen gegen alle, die er als Feinde des jüdischen Volkes ausmachte. Natürlich unterstützte er auch die Annexion des Westjordanlands und des Gazastreifens.

Kahane gründete die JDL, die Jewish Defence League, eine Art Wehrtruppe, die zunächst in den USA, aber später auch in anderen Ländern, mit brutaler Gewalt gegen angebliche oder tatsächliche Antisemiten vorging, vor allem gegen Neonazis, Muslime und Afro-Amerikaner. Gab es einen Terrorakt gegen Juden, ging die JDL sofort in das entsprechende Viertel und reagierte mit Gegenterror. 1971 gründete Kahane seine Kach-Partei in Israel, während er gleichzeitig in den USA und später auch in Israel wegen terroristischer Aktivitäten zu Bewährungsstrafen verurteilt wurde. 1984 wurde er schließlich in die Knesset gewählt.

Doch Kahane wurde vom Parlament boykottiert. Wenn er sprach, zogen die Abgeordneten aus dem Saal aus, selbst der rechte Hardliner Yitzhak Shamir, Likud-Vorsitzender und damals Premier, verließ mit der gesamten Likud-Fraktion den Plenarsaal. Wenn man bedenkt, dass Likud-Chef Benjamin Netanyahu nun mit Ben Gvir und Smotrich eine Koalition eingeht, begreift man, wohin sich der Likud in den letzten Jahrzehnten bewegt hat, die Entwicklung ist fast parallel zur

»Grand Old Party«, den Republikanern in den USA zu sehen. Die scheinen sich nun zwar von Donald Trump abzuwenden, aber auch nur, weil der im Augenblick nur Rückschläge und Niederlagen zu bieten hat. Davon ist der Likud mit Netanyahu weit entfernt, Netanyahu hat im November 2022 die letzte Wahl gewonnen. Hinzu kommt, dass Netanyahu ein überaus kluger, gebildeter und extrem versierter Politiker ist, selbst wenn er in den letzten Jahren zunehmend populistische Züge entwickelte. Rein intellektuell ist er einem Donald Trump haushoch überlegen.

Doch zurück zu den Achtzigerjahren: Wie konnte ein so extremistischer Politiker wie Rabbi Kahane in die Knesset gewählt werden? Das Zentrale Wahlkomitee hatte versucht, der Kach die Teilnahme an den Wahlen zu verbieten, doch das Oberste Gericht hob die Entscheidung wieder auf, es gab kein Gesetz, auf dessen Grundlage ein Verbot einer solchen Partei möglich gewesen wäre. Daraufhin wurde in der Knesset eiligst ein Gesetz zum Verbot »rassistischer« und »undemokratischer« Parteien verabschiedet. Bei den nächsten Wahlen 1988 konnte Kach schon nicht mehr antreten. Möglicherweise hätte Kahane damals zulegen können. Ende 1987 war die erste palästinensische Intifada ausgebrochen, die Stimmung kippte weiter nach rechts, wie immer in solchen Kriegs- und Krisensituationen, sie hätte möglicherweise dem radikal anti-arabischen Rabbi genutzt.

Kahanes Ideologie, der sogenannte Kahanismus, war eindeutig rassistisch. Der extremistische Rabbi forderte nicht nur, dass Israel ein halachischer Staat werden müsste, also eine Theokratie, sondern er hatte auch klare Vorstellungen, was mit den Nichtjuden im Land geschehen soll. Sie könnten entweder als »ansässige Fremde« mit eingeschränkten Rechten im Land bleiben, Israel verlassen und für ihr Eigentum eine Kompensation erhalten oder sogar gewaltsam vertrieben werden, ohne jegliche Kompensation. Kahane wollte auch Liebesbeziehungen zwischen Juden und Nichtjuden verbieten lassen, jüdische und arabische Viertel strikt trennen, jegliche Begegnungen zwischen arabischen und jüdischen Studenten untersagen. Im November 1990 wurde Kahane in einem Hotel in New York von einem Mann ermordet, der in Ägypten geboren, aber US-Staatsbürger war. Ein gewaltsames Ende für einen gewaltbereiten Mann.

Ben Gvir war in seinen jungen Jahren ein Schüler Kahanes, er hatte in seinem Wohnzimmer lange ein Bild von Baruch Goldstein hängen, dem Attentäter von Hebron, der ebenfalls Kach-Anhänger war. Bis heute gibt es unter den Kahanisten den Spruch »Kahane zadak«, »Kahane hatte recht«. Möglicherweise glaubte und glaubt auch Ben Gvir daran. Doch irgendwann hängte er das Bild Goldsteins ab, er wollte in der Gesellschaft reüssieren und gab sich moderat, erklärte auch, er habe sich von den Lehren Kahanes inzwischen entfernt. Ihm das zu glauben, fällt schwer angesichts seiner politischen Äußerungen und fortlaufenden, zum Teil provokativen Aktionen, etwa während der massiven Zusammenstöße zwischen Palästinensern und israelischen Sicherheitskräften im Oktober 2022.

Ben Gvir war mit seinen Anhängern bewusst in die Gegenden gezogen, wo die Auseinandersetzungen stattfanden. Als in einem Stadtteil von Ostjerusalem Steine auf ihn und seine Gefolgschaft geworfen wurden, zog er seine Waffe und rief den israelischen Sicherheitskräften zu, sie sollten die angreifenden Palästinenser doch einfach alle erschießen. Ist Ben Gvir also moderater geworfen? Viele bezweifeln das. Seine Forderungen während der Koalitionsverhandlungen im November und Dezember 2022 scheinen darauf hinzudeuten, dass er seine radikalen Vorstellungen unbedingt auch als Minister für Nationale Sicherheit durchsetzen möchte. In dieser Position ist er jetzt nicht nur Chef über die israelische Polizei, sondern er hat auch, anders als alle seine Vorgänger, das Recht bekommen, das operative Handeln der Polizei zu bestimmen und damit den Polizeipräsidenten zur Marionette verkommen zu lassen.

Darüber hinaus will er die Schießerlaubnis für die Polizei erleichtern, sie soll nun schneller die Waffe ziehen dürfen. *Last but not least* hat Ben Gvir auch noch die Befehlsgewalt über etwa 2000 Grenzpolizisten im Westjordanland erhalten, die bislang der israelischen Armee unterstanden. Damit würde er in den besetzten Gebieten über eine »eigene kleine Armee« verfügen, wie israelische Journalisten kritisierten. Und als es unlängst nach einem WM-Fußballspiel der Nationalmannschaft Marokkos zu gewaltsamen Auseinandersetzungen zwischen Beduinen im Süden Israels und der Polizei kam, erklärte der zu dem Zeitpunkt noch designierte Minister, dass es solche Exzesse, wenn er erst einmal im Amt sei, nicht mehr geben werde. Nun ist er im Amt und nach dem schrecklichen Attentat eines Palästinensers vor einer Synagoge in Neeve Yacov in Ostjerusalem, bei dem neun jüdische Israelis getötet wurden, forderte Ben Gvir sofort, dass Israelis sich bewaffnen müssen. Dafür soll das Genehmigungsverfahren abgekürzt werden, das israelische Sicherheitskabinett hat dem schon zugestimmt.

Ganz egal, wie die israelische Politik unter der neuen Regierung von Premier Benjamin Netanyahu aussehen wird, sie ist die erste Regierung, in der eindeutig messianisch-ideologisierte Politiker nicht nur in extrem wichtigen Schlüsselpositionen sitzen, sondern aus diesen Machtpositionen heraus auch versuchen könnten, das demokratische Israel einer völlig anderen Bestimmung zuzuführen. Seit Jahrzehnten tobt dieser »Kulturkampf«, der nicht nur eine Auseinandersetzung zwischen »links« und »rechts« ist, nicht nur ein Kampf zwischen »Frommen« und »Säkularen«.

Israel, die tatsächlich einzige Demokratie im Nahen Osten mit all ihren Schwächen und Fehlern, dieses Israel hat nun eine Regierung bekommen, die aktiv ein messianisches Judentum, einen messianischen Staat anstreben könnte, um die »Endzeit« voranzutreiben, die Erlösung, wie sie die Heiligen Schriften prophezeien – und damit einen grundsätzlich anderen Staat. Realpolitisch ist dies ein völlig surrealer Gedanke, ein Programm, das auf eine Katastrophe zusteuern würde, die aber, wie schon Yehuda Etzion es formuliert hat, in Kauf genommen werden könnte, um die Ankunft des Messias zu beschleunigen.

Auf alle Fälle könnte diese Entwicklung unabsehbare Folgen haben: Massive Gewalt in den besetzten Gebieten zwischen Palästinensern und Israelis, noch mehr Terror, noch mehr Militäreinsätze, unter Umständen sogar völlig unkontrollierbares Chaos, da der greise Palästinenserpräsident Mahmud Abbas und seine Sicherheitskräfte schon jetzt die Oberhand über Teile des Westjordanlands, vor allem um Jenin und Nablus, an die Hamas, den Islamischen Jihad und andere palästinensische Gruppen verloren zu haben scheinen. Und

wenn Abbas in dieser Phase auch noch stirbt und völlig unklar ist, wer ihm nachfolgen könnte, wäre das eventuell sogar
noch das Ende der Palästinensischen Autonomiebehörde. Damit müsste dann Israel wieder die Verantwortung für das gesamte Westjordanland übernehmen, eine militärisch, logis-
tisch und finanziell kaum zu bewältigende Aufgabe, auch
wenn Smotrich, Ben Gvir und viele andere sich genau das
wünschen, die komplette Machtübernahme und damit das
endgültige Aus der Zwei-Staaten-Idee.

Im Inneren Israels droht ebenfalls eine massive Konfrontation zwischen arabischen Israelis, also den etwa zwei Millionen Palästinensern mit israelischer Staatsbürgerschaft, und
den Sicherheitskräften unter Minister Ben Gvir. Bürgerkriegsähnliche Zustände könnten im Kernland Israel ausbrechen.
Doch auch die liberalen Israelis werden eine messianisch-
politische Revolution in ihrem Land nicht so ohne weiteres
hinnehmen. Oppositionspolitiker kündigten schon während
der Koalitionsverhandlungen der neuen Regierung an, man
werde mit allen Mitteln gegen das Ende der Demokratie
kämpfen. Man rief sogar schon dazu auf, im Falle einer Veränderung des politischen und juristischen Systems Israels
sollten Millionen Bürger auf die Straße gehen, um das zu verhindern. Allerdings könnten sich die finanziell Unabhängigen,
die einen wichtigen Teil des israelischen BIP ausmachen, entscheiden, das Land zu verlassen, was wirtschaftlich für Israel
sicherlich problematisch wäre.

Inzwischen gibt es Massendemonstrationen gegen die Pläne
der Regierung, das gesamte Justizsystem umzustürzen. Die
ersten Hightech-Firmen verlagern bereits ihr Vermögen ins
Ausland. Die »Justizreform«, wie die Koalition ihr Vorhaben

nennt, sieht eine Entmachtung des Obersten Gerichts vor, das dann keinerlei Kontrolle mehr über die Politik hätte. Auf diese Weise könnte Premier Netanyahu seinen Prozess wegen mutmaßlicher Korruption in drei Fällen beenden, an deren Ende ihm im Falle einer Verurteilung Gefängnis drohen würde. Der Umsturz des Justizsystems, dieses sehr irdische Vorhaben von Netanyahu und seinem Justizminister Yariv Levin, die Gewaltenteilung aufzuheben, käme den Messianisten, die im Zentrum der Macht angekommen sind, sehr entgegen. Sie hassen alle staatlichen Institutionen, die sie als Teil des liberalen und damit feindlichen Systems verstehen. Ben Gvir und Smotrich werden daher alles versuchen, um dieses zu untergraben. Denn sie wollen das Dritte Haus bauen, sie wollen den halachischen Staat. So schnell wie nur möglich. Und wollen dafür an der Macht bleiben.

5 – Gehört Palästina den Palästinensern?

Irgendwann Ende der 1990er-Jahre saß ich mit dem israelischen Schriftsteller Yoram Kaniuk im legendären Café Tamar auf der Sheinkinstraße in Tel Aviv. Kaniuk, der politisch links stand und mit dem arabisch-israelischen Schriftsteller Emil Habibi befreundet war, hatte sich ein Leben lang für eine Lösung im Dauerkonflikt zwischen Israelis und Palästinensern eingesetzt. Und doch brach bei unserem Gespräch aus ihm ein Satz heraus, den ich von ihm so nie erwartet hätte: »Für uns Juden ist es wahnsinnig schwer zu begreifen, dass ein Palästinenser so einen riesigen Aufstand macht, wenn er von seinem Geburtsort zehn, zwanzig oder fünfzig Kilometer entfernt leben muss. Wo ist das Problem?«

Kaniuks Äußerung war kein Ausdruck von Ignoranz gegenüber politischen und historischen Fakten. Ihm war natürlich bewusst, dass 1948, im Unabhängigkeitskrieg Israels, den die Palästinenser »Nakba«, die Katastrophe, nennen, etwa 750 000 Araber flohen, von denen rund die Hälfte von israelischen Soldaten vertrieben wurden, wie der israelische Historiker Benny Morris dies in seinem Buch *The Birth of the Palestinian Refugee Problem, 1947–1949* belegt.

Kaniuk verwies mit seiner Äußerung auf einen eklatanten

Unterschied in der arabisch-palästinensischen und der jüdischen Kultur. Juden befanden sich nach der Zerstörung des Tempels durch Titus im Jahr 70 n. Chr. und endgültig nach der Eroberung der Festung Massada am Toten Meer drei Jahre später rund 2000 Jahre fast ausschließlich in der Diaspora. Im Klartext bedeutete dies, dass sie im Exil immer wieder verfolgt wurden und deswegen stets aufs Neue ihr Hab und Gut packen mussten, um von einer Stadt in eine andere, von einem Land in ein anderes, von einem Kontinent zum nächsten zu flüchten.

Die Heimat der Juden war »portabel« geworden, wie Heinrich Heine das einmal nannte. Er meinte die Thora, die »Fünf Bücher Moses«, die das Zentrum des jüdischen Glaubens ausmachen und die die Juden überallhin mitnahmen. In der Diaspora, oder wie Juden es selbst nannten: im Exil, war geografische Heimat eine »horizontale« Angelegenheit geworden, die ewige Flucht führte dazu, dass Juden keine Wurzeln mehr schlagen konnten. Und wenn sie doch irgendwann endlich »angekommen« zu sein schienen, brach die nächste Katastrophe über sie herein, wie etwa in Deutschland 1933, die mit der »Endlösung der Judenfrage« ihren bislang entsetzlichsten Höhepunkt in der Verfolgungsgeschichte des jüdischen Volkes hatte.

Der arabisch-palästinensische Heimatbegriff ist dagegen »vertikal«. Er reicht, bildlich gesprochen, tief in die Erde hinein, denn dort, wo Palästinenser lebten, da lebten schon ihre Väter und Vorväter. Abgesehen von Beduinen und anderen Nomadenstämmen in der Region waren viele Araber in der Levante fest in Grund und Boden verwurzelt, selbst wenn sie für bessere Arbeitsbedingungen oder eine bessere Ausbildung vom Dorf in die Stadt zogen oder eine gewisse Zeit im Ausland verbrachten, um dort zu studieren oder einen Beruf zu lernen. Das allerdings war nur den wohlhabenden Familien vorbehalten. Doch die meisten blieben ihrem Heimatort eng verbunden, viele kehrten irgendwann dorthin zurück oder ließen sich dort begraben.

Doch ganz so eindeutig lässt sich dieser unterschiedliche Heimatbegriff, wie Kaniuk ihn formulierte, den beiden Völkern nicht zuordnen. Denn auch Juden haben partiell eine »vertikale« Heimatidee. Auf dieser basieren nicht nur die Gebete des Judentums, in denen die Rückkehr nach Zion besungen wird, sondern das gesamte ideologische Gerüst des Zionismus – die Heimkehr nach Zion, dorthin, wo die hebräischen Vorväter lebten, das Volk Israel. Bleibt man in der Metaphorik von Kaniuk, dann reicht diese vertikale Linie noch viel, viel tiefer in die Erde Palästinas oder Israels als die der Palästinenser. Am Kaffeehaustisch kann man solche Gedankenspielereien schön und interessant finden, doch sie bestimmen die nackte Realität im Land und erzählen die traurige, brutale Geschichte von Juden und palästinensischen Arabern.

Die Frage, ob Palästina den Palästinensern gehört, lässt sich völkerrechtlich scheinbar leicht beantworten. Da Palästina bis 1917 Teil des Osmanischen Reiches war, waren die Menschen, die im »Heiligen Land« lebten, »subjects«, also Untertanen der Hohen Pforte in Istanbul, ganz egal, ob sie Muslime oder Christen waren. Oder Juden, denn auch nach der Zerstörung des Tempels blieben Juden im Land, sie waren nie ganz weg, wenngleich sie Anfang des 20. Jahrhunderts nur eine sehr kleine Minderheit im Land waren.

Den Osmanen gehörte also Palästina. Dann, 1917, eroberten

die Briten während des Ersten Weltkrieges das Gebiet. Nach Ende des Krieges und mit dem Zusammenbruch des Osmanischen Reiches wurde den Briten auf der Konferenz von San Remo 1920 das Mandat für Palästina übertragen. Die Vertreter des »British Empire« blieben bis zum 14. Mai 1948 in Palästina, also 31 Jahre. An diesem Tag versammelte sich der Jüdische Nationalrat im Haus des ehemaligen Bürgermeisters von Tel Aviv, Meir Dizengoff. Dort verkündete David Ben Gurion, dass nun »kraft des natürlichen und historischen Rechts des jüdischen Volkes und aufgrund des Beschlusses der UNO-Vollversammlung« der Staat Israel gegründet werde. Hatten also irgendwann die Palästinenser das Land »besessen«, das über Jahrhunderte Palästina genannt wurde und zu dem ursprünglich auch einmal das heutige Jordanien gehörte? Gehörte es ihnen völkerrechtlich? Nein. Es scheint also alles ganz einfach zu sein. Doch wie immer im Nahen Osten, ist absolut gar nichts einfach …

1896 erschien Theodor Herzls Buch *Der Judenstaat*, das, wie schon erwähnt, eine Reaktion auf den antisemitischen Dreyfus-Prozess in Paris war. Herzl hatte endgültig begriffen, dass das antisemitische Europa des späten 19. Jahrhunderts für Juden kein Ort mehr war, wo sie sicher und in Würde leben konnten. 1897 eröffnete Herzl in Basel den ersten Zionistenkongress der Geschichte. Damit war die zionistische Bewegung ins Leben gerufen. Doch deren Grundidee gab es schon etwas früher. Bereits 1862 erschien Moses Hess' Buch *Rom und Jerusalem* sowie 1882 Leon Pinskers Text *Autoemanzipation*. Auch in diesen Schriften wird, wie später bei Herzl, die Rückkehr nach Zion gefordert, als Lösung für ein jahrhundertealtes Problem. Hess und Pinsker waren schon eher als Herzl zu der Überzeugung gelangt, dass Juden ihre Unabhängigkeit bräuchten, um zu überleben. Das war in Europa nie möglich, schon gar nicht in den nichtdemokratischen Staaten. Pinsker schrieb sein Essay unter dem Eindruck der schrecklichen Pogrome 1881 nach dem Attentat auf Alexander II. im zaristischen Russland.

Noch bevor Herzl aus der zionistischen Idee eine politische Bewegung machte, hatten sich einige europäische Juden also aufgrund des »Zeitgeistes«, wie man heute sagen würde, auf den Weg nach Eretz Jisrael gemacht. Sie begannen mit Genehmigung der Osmanen Land zu kaufen, auf dem sie siedelten und Landwirtschaft betrieben. Was sich schon damals abzeichnete, war das Prinzip, wie der jüdische Staat allmählich entstand: Man kaufte korrekt und regulär Land von arabischen Grundbesitzern, doch häufig mussten die Bauern, die das Land gepachtet hatten und es bestellten, vertrieben werden. Damals noch mit Hilfe der osmanischen Behörden und Polizei, später mit Genehmigung und Hilfe der Briten.

Als die Briten Palästina übernahmen, war der Kern des Konfliktes also im Grunde schon gelegt. Die jüdische Gemeinschaft, die seit Jahrhunderten in Palästina gelebt hatte, war nicht »zionistisch«, sie hatte nie an die Gründung eines jüdischen Staates gedacht. Neben dieser Gemeinschaft gab es aber Ende des 19. Jahrhunderts bereits die ersten »Zionisten« im Land, Juden, die keine »Einheimischen« waren und ihren Traum eines unabhängigen, freien jüdischen Lebens in Zion verwirklichen wollten. Laut eines britischen Berichts lebten 1920 etwa 15 000 Juden in Palästina, das insgesamt nicht viel mehr als rund 700 000 Einwohner hatte. Bis 1917 blieb das Zusammenleben zwischen den Menschen unterschiedlicher

Konfessionen einigermaßen friedlich. Das begann sich erst allmählich mit der schon erwähnten Balfour-Deklaration zu verändern, die den Juden eine »nationale Heimstätte in Palästina« garantierte und für die zionistische Bewegung einen ersten großen Erfolg bedeutete. Die schriftliche Erklärung des britischen Außenministers Arthur James Balfour, die er im Namen der britischen Regierung gegenüber Lord Lionel Walter Rothschild machte, wurde auf der Konferenz in San Remo in den Stand internationalen Rechts erhoben, als der Völkerbund mit dem Mandatsauftrag für Großbritannien in Palästina auch die Aufgabe festsetzte, die Juden dabei zu unterstützen, ihre »nationale Heimstätte« Realität werden zu lassen. Wobei festgehalten wurde, »dass nichts getan werden soll, was die bürgerlichen und religiösen Rechte bestehender nichtjüdischer Gemeinschaften in Palästina […] beeinträchtigen würde.« Doch wie das in der Realität aussehen sollte, war völlig unklar. Es war ein Versprechen, das kaum einzuhalten war. Denjenigen Briten, die sich ernsthaft mit den Texten und der Ideologie der Zionisten auseinandergesetzt hatten, musste klar sein, was »nationale Heimstätte« für diese jüdischen Aktivisten bedeutete: ein Staat. Und nichts anderes. Also auch hier war der Konflikt vorprogrammiert.

Für die Briten ergab sich allerdings ein weiteres Problem, denn sie hatten auch den Arabern gegenüber Versprechen abgegeben. Bevor sie in Palästina einmarschierten, hatten die Briten die Araber glauben lassen, sie würden ihnen Palästina abtreten, als Belohnung für deren Unterstützung im Krieg gegen die Osmanen. So hatte es der britische Hochkommissar in Ägypten, Sir Henry McMahon, in einem Briefwechsel dem Führer des Hejas, Hussain ibn Ali, Sherif von Mekka, versprochen. Doch das Versprechen war bereits im Mai 1916 nichts mehr wert, als Franzosen und Briten sich im sogenannten Sykes-Picot-Abkommen auf die Teilung der Region geeinigt hatten. Dazu kam dann noch, obendrauf quasi, die Balfour-Deklaration. London hatte also zwei Völkern das gleiche Stück Land versprochen. Damit war Palästina ein Krisengebiet, ein Wespennest, in das sich die Briten hineinsetzten, aus freien Stücken muss man sagen. Viele Jahre später waren so manche britischen Beamte und Politiker, die sich mit Palästina auseinandersetzen mussten, überzeugt, dass die Balfour-Deklaration ein Fehler gewesen sei. Da aber war der jüdische Staat fast schon Wirklichkeit geworden.

Die Briten gestanden in den Jahrzehnten ihrer Mandatszeit den Juden so einiges von dem zu, was diese forderten. Sie öffneten das Land für die jüdische Einwanderung, erst in den letzten Jahren vor der Staatsgründung änderte sich diese Politik kurzfristig. Juden war es erlaubt, Land zu erwerben, Landwirtschaft zu betreiben, eine wirtschaftliche und politische Infrastruktur aufzubauen, neue Siedlungen zu gründen. Selbst die Haganah, der Vorläufer der späteren israelischen Armee, wurde von den Briten irgendwann hingenommen. Letztlich bekam die zionistische Führung von den Engländern so gut wie alles, was sie wollte, die Entwicklung war nur zäh, denn in den einzelnen Phasen erhielten Ben Gurion und seine Mitstreiter von der Mandatsverwaltung nie so viel, wie sie verlangten, sondern immer ein bisschen weniger.

Das führte zwar einerseits zur Frustration unter den zionistischen Führungspersönlichkeiten, gleichzeitig aber zeigte sich schon da das politische Prinzip, das den Zionismus bis heute prägt: Man nimmt, was man kriegen kann. Und macht dann weiter und versucht, noch mehr zu bekommen. Als ich vor vielen Jahren den damaligen palästinensischen Premierminister Salam Fayyad in seinem Haus in Ramallah besuchte, klagte er darüber, dass sein Volk nicht von den Zionisten die Politik der kleinen Schritte lernen wollte. Man lehne immer gleich alles ab, wenn das Angebot nicht zu hundert Prozent den eigenen Forderungen entspreche, klagte er. Das Ergebnis sei dementsprechend. Von Verhandlung zu Verhandlung bleibe den Palästinensern immer weniger als Verhandlungsmasse übrig.

Die Zionistische Weltorganisation dagegen hatte damals, zu Beginn des 20. Jahrhunderts, Glück, dass sie mit ihrem Präsidenten Chaim Weizmann in London einen überaus klugen, charmanten und geschickten Diplomaten an der Spitze hatte, der in den allerhöchsten politischen und kulturellen Kreisen verkehrte und im Empire hohe Wertschätzung genoss. Denn als Chemiker hatte er mit seiner Erfindung, Aceton synthetisch herzustellen, wesentlich zum Sieg der Alliierten im Ersten Weltkrieg beigetragen, da man Aceton für die Herstellung eines bestimmten Schießpulvers benötigte.

Weizmann war nicht nur ein kluger Vertreter der zionistischen Sache, nicht nur ein Mann mit der richtigen Mischung aus Freundlichkeit und Impertinenz, um zu bekommen, was er wollte. Er war auch ein Mann, der die Vorurteile der britischen Gesellschaft für sich zu nutzen wusste. Dass die Briten die Juden unterstützten, obwohl viele von ihnen im Kern durchaus antisemitisch waren, hatte viele Gründe. Zwei davon waren wesentlich. Da war zum einen der christlich-protestantische Zionismus, der damals schon ähnlich wie der Zionismus der heutigen Evangelikalen in den USA funktionierte und so engagiert war, dass man das Vorgehen der Zionisten in Palästina erst gar nicht in Frage stellte. Denn die Rückkehr der Juden nach Zion war und ist eng verknüpft mit einer Endzeitvorstellung von der Wiederkehr des Messias.

Zum anderen war da die bei vielen Politikern Großbritanniens tiefsitzende Überzeugung von der sogenannten »jüdischen Weltmacht«, der Mär, dass Juden in einem weltweit umspannenden Netz Politik, Finanzen und Medien in ihrer Gewalt hätten, dass sie vor allem – schon damals dachte man so in London – großen Einfluss in Washington hätten. Weizmann war klug. Anstatt sich über diese antisemitischen Vorurteile zu echauffieren oder gar zuzugeben, dass er Präsident einer Organisation war, die gerade mal so stabil war wie ein Kartenhaus und deren Macht sich allein daraus speiste, dass viele *glaubten*, sie hätte Macht, nutzte er lieber die (Ehr-) Furcht vor dem »Weltjudentum«, um seine Forderungen und Ziele durchzusetzen. Selbst ein so hoch gebildeter Mann wie Winston Churchill glaubte bis zu einem gewissen Grad an die Macht der Juden!

Das bedeutete aber nicht, dass die Zionisten um David Ben Gurion in Palästina immer nur leichtes Spiel mit der britischen Mandatsmacht gehabt hätten. Es gab Antisemiten unter den britischen Offizieren, die ihre Abneigung gegen Juden nicht versteckten. Mit den wachsenden Spannungen zwischen Juden und Arabern, mit der zunehmenden Gewalt auf beiden Seiten befanden sich die Briten als Mandatsmacht eigentlich zwischen den Fronten. Sie versuchten daher immer wieder eine gewisse »Gerechtigkeit« und Gleichbehandlung aufrechtzuerhalten, doch der Mandatsauftrag zwang sie geradezu, Position zu beziehen. Den arabischen Nationalisten galten die

Briten damit als parteiisch und waren mindestens so verhasst wie die Juden. So wurden auch die Briten zu Opfern arabischen Terrors. Jüdischer Terror gegen die Mandatsmacht kam erst in den Vierzigerjahren durch nationalistische Terrorgruppen wie Lechi und Etzel auf. So verübte der Irgun, wie Etzel auch genannt wurde, unter der Führung von Menachem Begin am 22. Juli 1946 einen Bombenanschlag auf das luxuriöse King David Hotel in Jerusalem. Dort waren ein Teil der britischen Mandatsregierung und der Generalstab der britischen Armee für Palästina untergebracht. Der Anschlag war verheerend, die genaue Zahl der Opfer schwankt je nach Quelle, die Rede ist von mindestens 91 Toten, wenn nicht mehr. Doch zuvor, in den 1930er-Jahren, gelang es Ben Gurion und anderen Zionistenführern, den Kampf gegen den arabischen Terror als einen gemeinsamen Kampf darzustellen. Die Araber kämpften schließlich »gegen die Europäer«, und das wären ja sowohl die Briten wie auch die eingewanderten Juden, so verkauften das die Zionisten den Briten.

Nein, völkerrechtlich gehörte Palästina den palästinensischen Arabern damals nicht. Aber sie besaßen Land. Und so wie es im 19. Jahrhundert bereits begonnen hatte, setzte sich der Kauf von Grund fort, da immer mehr Juden aus Europa einwanderten. Viele kamen aus ideologischer Überzeugung, sie waren Zionisten. Aber es kamen auch Menschen, die auf der Flucht waren, beispielsweise nach den grauenhaften Pogromen in der Ukraine der 1920er-Jahre mit schätzungsweise 100 000 bis 200 000 ermordeten Juden.

Und erst recht in den Dreißigerjahren, als Hitlers nationalsozialistisches Deutschland sich daran machte, Juden systematisch zu verfolgen. Die Folge: Juden brauchten Platz, sie brauchten Land. Und so hatten die Zionisten einen Grund mehr, Land aufzukaufen, das war ja das erklärte Ziel: mehr Juden und mehr Land in Palästina. Auch Tel Aviv, die erste hebräische Stadt, die 1909 gegründet wurde, wuchs und wuchs. Für die britischen Soldaten war Tel Aviv eine wunderbare, europäisch anmutende Stadt, in der man sich bestens vergnügen konnte.

Mit der wachsenden Zahl an jüdischen Einwanderern formierte sich zunehmend die arabische Nationalbewegung, der Widerstand der Araber gegen die Juden wuchs. Sie begannen allmählich zu begreifen, was da auf sie zurollte. Sie würden wieder einmal nicht die Herren im eigenen Haus sein. Ja, es gab anfänglich die Vorstellung, man könne miteinander in einem Staat leben. Eine Zeitlang stand sogar die Idee einer gemeinsamen regierungsähnlichen Verwaltung im Raum, in der Juden und Araber gleichberechtigt agieren würden, doch das wurde von den arabischen Politikern und letztendlich auch von den Zionisten abgelehnt.

Der Hass der Araber auf die Juden wuchs also. Anfang der Zwanzigerjahre kam es zu ersten Massakern, die Gewalttätigkeiten insbesondere in Jaffa 1921 ließen bei der jüdischen Bevölkerung allmählich das Gefühl aufkommen, dass man vielleicht doch nicht miteinander leben könne. Während der Unruhen in Jaffa wurde auch der berühmte Schriftsteller Josef Chaim Brenner getötet. Für die zionistische Bewegung war das, wie schon die Ermordung von Joseph Trumpeldor 1920 in der Siedlung Tel Chai, ein Schock, aber gleichzeitig auch ein Anstoß, die eigenen Bemühungen zu intensivieren. Trumpeldor hatte die sozialistische Bewegung des Zionismus mitgegründet und sich bereit erklärt, den Schutz der Siedlungen in

Galiläa zu organisieren. Dort wurde er bei einer Schlacht zur Verteidigung von Tel Chai von Schiiten aus dem Libanon getötet. Berühmt wurden seine angeblich letzten Worte: »Es macht nichts, es ist gut, für unser Land zu sterben.« Sie wurden zum Motto der Bewegung in jenen Jahren.

Die Anschläge, Angriffe und Massaker Anfang der Zwanzigerjahre waren allerdings nur der Auftakt für Schlimmeres. Ruhe oder gar Verständigung zwischen Juden und Arabern wurde immer weniger möglich.

Hebron 1929. Am 24. August kam das Gerücht auf, die Juden wollten die Kontrolle über den Tempelberg mit dem Felsendom und der Al-Aksa-Moschee übernehmen, ein Gerücht, das bis heute immer wieder für gewaltsame Auseinandersetzungen zwischen Israelis und Palästinensern sorgt. Die arabische Menge zog durch die Straßen von Hebron und machte sich daran, die Juden der Stadt, deren Familien dort zum Teil seit über 800 Jahren ansässig waren, zu ermorden. Am Ende des Tages hatten sie 69 Juden abgeschlachtet. Man darf allerdings nicht vergessen, dass viele Juden das Massaker überlebten, weil arabische Nachbarn sie versteckten. Dennoch, Hebron 1929, das ist bis heute einer der schwärzesten Tage in der Geschichte des Zionismus. Natürlich kam es zu jüdischem Gegenterror und Vergeltung. Und so richtig ruhig konnte es im ganzen Land nicht mehr werden. Schließlich kam die große arabische Revolte von 1936 bis 1939, sie war keine Überraschung mehr. Der Aufstand begann in dem Jahr, als 60 000 jüdische Immigranten im Land ankamen, so viele wie nie zuvor. 1935 lebten bereits rund 320 000 Juden in Palästina, die Einwanderungspolitik der Briten hatte dies möglich gemacht.

Die Araber wollten das nicht länger hinnehmen. Ganz vorne bei der Revolte mit dabei: Der Mufti von Jerusalem, Haj Amin al-Hussaini, der sich an die Spitze der nationalistischen arabisch-palästinensischen Bewegung setzte, derselbe al-Hussaini, der während des Zweiten Weltkrieges in Berlin Adolf Hitler traf und sich ihm als Verbündeter im Kampf gegen die Juden anbot.

Die für die palästinensischen Araber entsetzlich zynische Wirklichkeit war aber auch, dass viele bekannte arabische Nationalisten ihr Land weiterhin bereitwillig an Zionisten verkauften. Diese führten genau Buch, wer ihnen Palästina »überließ«. Unter diesen heuchlerischen Nationalisten waren Bürgermeister von Jerusalem, Jaffa und Gaza, die für gutes zionistisches Geld ihr Stück von Palästina den »verhassten Zionisten« überließen. Sie standen nicht allein. Es gab noch eine Reihe anderer nationalistischer Führungspersönlichkeiten, die an die Zionisten verkauften, sogar der Vater von Mufti Amin al-Hussaini war darunter. Heute würden die Palästinenser sie »Kollaborateure« nennen. Den Zionisten, die phasenweise mehr Land angeboten bekamen, als sie sich finanziell leisten konnten, war das natürlich herzlich egal. Und auch wenn das ihren Absichten entgegenkam, so verachteten sie doch solche arabischen Führer, die bereit waren, ihr nationales Interesse zu verraten.

Das Vorgehen der zionistischen Bewegung war schon unter Theodor Herzl klar vorgegeben. Das Land kriegerisch erobern war ja nicht möglich. Die Juden hatten keine Macht, sie hatten keine Armee, sie hatten nichts. Was blieb, war kaufen. Anfang des 20. Jahrhunderts wurde mit Hilfe von Theodor Herzl der JNF, der Jüdische Nationalfonds, der auch als KKL (Keren

Kayemet leYisrael) bekannt ist, gegründet. Dessen Aufgabe war es, weltweit Spenden von Juden einzusammeln, um Land in Palästina zu kaufen. Die sogenannte »Puschkebox«, ein rechteckiger Metallbehälter mit der israelischen Flagge und einer Landkarte von Eretz Jisrael vorne drauf, in den man Münzen und Geldscheine einwarf wie bei einem Sparschwein, gehörte bis in die Sechziger- und Siebzigerjahre des 20. Jahrhundertszum Hausratsinventar jeder jüdischen Familie in der Diaspora.

Das Vorgehen der Zionisten war legal, sogar die Vertreibung der Pächter mit Hilfe der osmanischen und später britischen Behörden, die manchmal auch gewaltsam vor sich ging, war »legal«. Oftmals wurden den Bauern Kompensationszahlungen oder ein anderes Stück Land von den Briten angeboten, aber viele blieben mit nichts zurück. Sowie der Kauf besiegelt war, galt übrigens ein eisernes Gesetz. Das Grundstück durfte nie wieder an Nichtjuden verkauft werden. Doch wer glaubt, dass die Zionisten schon bald ganz Palästina aufgekauft hätten, irrt. In seinem eindrucksvollen Buch *Es war einmal ein Palästina*, das die Geschichte der Mandatszeit ganz wunderbar erzählt, zeigt der Historiker und Journalist Tom Segev, dass den Juden trotz aller Käufe am Ende der britischen Herrschaft nicht mehr als zwei Millionen Dunam, das sind etwa 2000 Quadratkilometer, gehörten. Das machte damals gerade mal ein Zehntel des Landes aus.

Dass viele Bauern durch den Verlust ihres gepachteten Landes plötzlich vor dem Nichts standen, befeuerte allerdings die arabische Nationalbewegung. Frustration, Hass und Armut bescherten ihr viele Anhänger. Dennoch muss man immer wieder betonen, dass die arabisch-palästinensischen Landbesitzer damals nicht zum Verkauf gezwungen wurden. Sie erhielten von den Juden schlicht sehr gute Angebote.

Die Lage in Palästina wurde für alle, die dort lebten, immer unerträglicher, überall herrschten Gewalt und Angst vor Attentaten. Araber und Juden standen sich immer unversöhnlicher gegenüber. Die Zahl der Attentate ging allein in den Dreißigerjahren in die Tausende, mit Hunderten Toten und Verletzten auf beiden Seiten. Doch selbst in den gewaltsamsten Perioden gingen die Verkäufe arabischen Grundbesitzes weiter. In den Dreißigerjahren entstanden weit über hundert neue jüdische Siedlungen und Kibbutzim.

Im Juli 1937 legte die »Palestine Royal Commission« ihren offiziellen Bericht zu Palästina vor. Sie wurde und wird bis heute allgemein nur Peel-Kommission genannt, nach ihrem Vorsitzenden Lord William Peel. Für die Zionisten war sie ein Geschenk. Die Kommission hatte über hundert Zeugen zur Lage in Palästina befragt, Briten, Araber und Juden. Und sie kam zu der Überzeugung, dass eine gemeinsame Zukunft von Juden und Arabern so gut wie unmöglich geworden sei. Für die arabischen Führer waren viele Passagen des Berichts unannehmbar, allerdings war er auch für die Zionisten nicht unproblematisch. Doch der Grundgedanke des Berichts versprach die Erfüllung des zionistischen Traums. Die Peel-Kommission schlug nämlich zum ersten Mal in der Geschichte des jüdisch-arabischen Konflikts vor, das Land zu teilen. Und sie sprach zum ersten Mal offiziell von der Möglichkeit eines »jüdischen Staates«, nicht mehr nur einer »jüdischen Heimstätte«, wie es noch in der Balfour-Deklaration geheißen hatte. Im Laufe der Jahre war allen Beteiligten längst klar geworden, worum es den Zionisten ging, selbst wenn diese ihre Vorstellungen den Briten gegenüber sehr vorsichtig formulierten, um die wahren Absichten ein wenig zu verschleiern und die diplomatischen Erfolge *on the ground* nicht zu gefährden.

Die vorgeschlagene Teilung des Landes sah zwangsläufig auch einen Bevölkerungstransfer vor. Für Ben Gurion war der Teilungsplan der Beginn einer Entwicklung, die schlussendlich das *ganze* Land Israel einschließen sollte. Das war das eigentliche Ziel, manche Zionistenführer sprachen es offen aus, andere eher verklausuliert. Menachem Ussishkin, langjähriger Führer des Jüdischen Nationalfonds, träumte beispielsweise sogar von einem Transfer der Araber aus Palästina in den Irak. Bereits zu Beginn der 1930er-Jahre gab es einen Ausschuss der Zionisten, der sich mit der Frage eines Transfers auseinandersetzte, wie Tom Segev darstellt: »Hier wurde unter anderem diskutiert, ob der Transfer zwangsweise oder freiwillig erfolgen sollte. Doch selbst ›freiwilliger‹ Transfer bezog sich nicht auf den Willen des Einzelnen, sondern auf eine Vereinbarung zwischen Staaten.« Wie Ben Gurion selbst zu der Idee des Transfers stand, ist umstritten, allerdings gibt es Hinweise, dass auch er gegen die Idee eines Transfers der Araber prinzipiell nichts einzuwenden gehabt hätte.

Was schon in der Zeit vor der Gründung des Staates Israel überdeutlich wird: Die Themen von heute waren auch die Themen von damals. Viele Fragen, viele Probleme, die damals entstanden, sind bis heute aktuell, sie sind nicht gelöst oder höchstens »teilgelöst« oder aber führen zu noch mehr Problemen und noch mehr Leid.

Bleibt die Frage, ob Palästina völkerrechtlich den Juden gehört hat. Die Antwort ist klar: Nein, natürlich auch nicht, doch im Mandatsauftrag der Briten findet sich ein interessanter Satz: »Whereas recognition has thereby been given to the historical connection of the Jewish people with Palestine and to the grounds for reconstituting their national home in that country«.* Hier sind zwei wichtige Aspekte angelegt, die der Siedlerbewegung Gush Emunim als »Beweis« dienen, dass ihr Anspruch auf das Westjordanland rechtmäßig sei: Der Begriff »historische Verbindung«, »historical connection«, zu dem Land und vor allem die »Wiederherstellung« der nationalen Heimstätte. »Reconstituting« – dieser Begriff könnte so interpretiert werden, dass die Juden das Land schon einmal »besaßen« und immer noch rechtmäßige Besitzer wären. Dass sie sozusagen ein paar Jahrtausende weg gewesen wären und es jetzt wieder rechtens übernehmen dürften, selbst wenn das Mandat betonte, dass dies nicht auf Kosten anderer geschehen dürfte. Die Siedlerbewegung heute meint natürlich das gesamte Gebiet zwischen Mittelmeer und Jordan.

Doch darüber hinaus gab und gibt es noch einen wichtigen Aspekt, aus dem sich der Anspruch auf einen eigenen Staat aus der Sicht der Zionisten ableiten ließ und lässt, gemeint ist die Verfolgung des jüdischen Volkes, damals vor allem in Europa. Während die religiös-metaphysische Verbindung mit Eretz Jisrael den Rest der Welt nicht interessierte – man mag an die göttliche Verheißung für das jüdische Volk glauben oder auch nicht –, so ist die Verfolgungsgeschichte ein ganz anderes Thema, das nach 1945, nach dem Holocaust, noch wesentlich

---

* »In Anbetracht dessen wird die historische Verbindung des jüdischen Volkes mit Palästina und die Gründe für die Wiederherstellung ihrer nationalen Heimstätte in diesem Land anerkannt.«

virulenter war als schon zuvor und die internationale Staatengemeinschaft allein schon aus moralischen Gründen geradezu
zwang, der Entstehung des Staates Israel zuzustimmen. Wobei
die Geschichte des britischen Mandats sehr deutlich macht,
dass der Staat Israel wahrlich nicht »wegen Auschwitz« entstanden ist. Er war schon lange vor der Shoah im Werden.

Der Teilungsplan der Peel-Kommission fand seine Fortsetzung zunächst in dem UN-Teilungsplan, der 1947 mehrheitlich
angenommen wurde und damit einen völkerrechtlich binden-
den Schlusspunkt unter die Balfour-Deklaration setzte. International war nun endgültig anerkannt: Es soll, es kann, es muss
einen jüdischen Staat geben. Nun hatten aber auch die Palästinenser völkerrechtlich ebenso bindend ein Anrecht auf einen
eigenen Staat in Palästina. Der Teilungsplan machte den Anspruch beider Völker auf einen Staat international legitim. Endgültig. Und schließlich steht aufgrund einer UN-Charta, in der
knapp zwei Jahrzehnte später, im Jahr 1966, das Selbstbestimmungsrecht der Völker als völkerrechtlich bindend anerkannt
wurde, Juden wie Palästinensern auch das Recht der Selbstbestimmung zu. Wie dies umzusetzen wäre, vor allem, ob es heute
überhaupt noch eine Chance für die Zwei-Staaten-Lösung gibt –
das ist die alles entscheidende Frage des Konflikts.

Während bis zur Staatsgründung Israels dem Vorgehen in
Sachen Landübernahme im Prinzip nur eine Möglichkeit zur
Verfügung stand, so änderte sich das grundlegend nach der
Staatsgründung 1948. Israel verabschiedete schon bald nach
dem gewonnenen Krieg ein Gesetz, das sogenannte Abwesen-
heitsgesetz. Es erlaubte einer zu diesem Zweck gegründeten
staatlichen Treuhandgesellschaft, Immobilien von Menschen,
die nicht im Staat Israel lebten, aber dort Besitz hatten, zu

konfiszieren. Dies war und ist ein problematisches Gesetz, denn die rund 750 000 palästinensischen Flüchtlinge, auf die es sich bezog, konnten und können ja nicht zurück nach Israel. Selbst wenn sie es wollten, der Staat verwehrt ihnen den Zugriff auf ihren eigenen Besitz.

Noch komplizierter verhält sich die Lage in den Gebieten, die Israel 1967 erobert hat. Auf der völkerrechtlichen Ebene gibt es zwei Territorien, die unterschiedlich zu betrachten sind, wenn man Gaza, aus dem Israel 2005 abzog, einmal außer Acht lässt: Die Golanhöhen die bis 1967 zu Syrien gehört haben, und das Westjordanland mit Ostjerusalem, das zu Jordanien gehörte, bis sich König Hussein 1988 von dem Gebiet offiziell lossagte und es den Palästinensern überließ. Israel hat Jerusalem 1980 und die Golanhöhen 1981 annektiert, das wurde weltweit natürlich nicht anerkannt. Doch 2019 tat es der damalige US-Präsident Donald Trump doch. Er erkannte Israels Annexion des Golans an. Das hat zwar völkerrechtlich keine Bedeutung, aber machtpolitisch durchaus. Mal abgesehen davon, dass selbst diejenigen Israelis, die vor etlichen Jahren für eine Rückgabe der Golanhöhen plädierten, inzwischen aufgrund des Bürgerkrieges in Syrien froh sind, dass dieses heikle Grenzgebirge mit seinen strategischen Vorteilen in israelischen Händen ist und nicht in den Händen des IS, der Al-Qaida, Al-Nusra oder von Präsident Assad, wird sich erst zeigen müssen, ob diese Annexion jemals international akzeptiert wird. Und ob es jemals in Damaskus eine stabile Regierung geben wird, mit der Israel einen Friedensvertrag ähnlich wie mit Ägypten und Jordanien aushandeln könnte.

Ganz anders ist die Lage im Westjordanland. Wie schon beschrieben, ist der völkerrechtliche Status zumindest aus israelischer Sicht umstritten. Doch längst wird das Westjordanland von der internationalen Staatengemeinschaft als Territorium eingestuft, auf dem einmal der palästinensische Staat existieren soll. Aber wie schon zur Mandatszeit, so sieht es auch jetzt wieder danach aus, als würden die entscheidenden Staaten, damals Großbritannien, heute die USA, eine Lösungsformel beschwören, an die so gut wie niemand mehr glaubt und die vor allem wegen der politischen Führung in Palästina und Israel gänzlich unrealisierbar ist. Damals war das irgendeine Form von »nationaler Heimstätte« für die Juden, heute ist es die Zwei-Staaten-Lösung.

Anders als in der prästaatlichen Ära ist Israel längst dazu übergegangen, Land zu konfiszieren. Dafür werden unterschiedliche Gründe angeführt, militärische und sicherheitspolitische beispielsweise. Immer wieder werden Palästinenser enteignet, sie verlieren ihren Grund, ihr Haus, und können nur selten etwas dagegen tun. Auch Siedlungen werden immer wieder auf privatem palästinensischen Grund errichtet. Je nach Sachlage entscheiden die Gerichte in Israel dann, ob diese Siedlungen bleiben dürfen oder nicht. Wie oben bereits geschildert, müssen sogenannte illegale Siedlungen manchmal wieder abgerissen werden, manchmal können sie bleiben, manchmal wird der illegale Bau im Nachhinein genehmigt. Wenn man kein Jurist ist, fällt es schwer, den Überblick zu behalten und zu verstehen, warum die einen Landenteignungen genehmigt werden und andere nicht. Für die Palästinenser ist das einerlei. Sie haben häufig das Nachsehen.

Am Anfang der tragischen Geschichte zwischen Juden und Palästinensern stand aber eben nicht Landraub, das war über Jahrzehnte hinweg nicht das Vorgehen des Yishuvs, der prä-

staatlichen Siedlung, gewesen. Auch einen klassischen Erobe-
rungskrieg gab es nicht, zumindest nicht bis 1947/48.

Womit zumindest zum Teil die Frage beantwortet ist, ob Israel als Kolonialstaat anzusehen ist, wie das im heutigen Diskurs immer häufiger geschieht. In der Ausgabe Nr. 136 von
Das Parlament des deutschen Bundestages definiert die Bei-
lage zum Thema »Kolonialismus« diesen wie folgt:

>»Ein Land erobert Gebiete in einem anderen Land. Meis-
tens liegt das eroberte Land in einem anderen Teil der
Welt. Und die Menschen dort haben eine andere Lebens-
Weise als die Eroberer. Die Eroberer übernehmen die
Herrschaft über die Einwohner. Manche Gebiete nehmen
sich die Eroberer mit Gewalt.«

Und dann heißt es zur Frage, warum die Kolonialmächte so
gehandelt haben:

»Sie wollten *mehr* [Hervorhebung durch den Autor] Gebiete
besitzen [...] Sie wollten wertvolle Dinge aus den Gebieten haben. Zum Beispiel Gold, Gewürze oder Farb-Stoffe.
Sie wollten ihre Lebens-Weise verbreiten, zum Beispiel die
christliche Religion. Sie wollten Waren an die Kolonie verkaufen. Denn dadurch konnte man viel Geld verdienen.«

Zur Lage der Einheimischen heißt es unter anderem:

»Die Einheimischen waren nach der Eroberung nicht mehr
frei. Sie wurden unterdrückt. Sie mussten für die Kolonial-
Macht arbeiten. Manche hat man zu Sklaven gemacht.«

183

Die zentralen Merkmale dieser Definitionen treffen nicht auf die Entstehungsgeschichte des Staates Israel zu. Auch deshalb nicht, weil Kolonialismus stets von mächtigen Staaten ausging, die ihren Machtbereich erweitern wollten. Im Falle Israels dagegen war das der vielleicht wesentlichste Aspekt der Zionismus: So sehr er eine Spielart des europäischen Nationalismus des 19. Jahrhunderts mit all seinen hässlichen Zügen war, so sehr sich viele Zionisten gegenüber den einheimischen Arabern – und palästinensischen Juden übrigens auch – als überlegen empfanden, weil sie Europäer waren und eine »europäische Bastion« im Nahen Osten errichten wollten, so waren sie doch alle Angehörige eines Volkes, das seit 2000 Jahren verfolgt wurde. Der Zionismus war also auch und vor allem eine Befreiungsbewegung und für die jüdische Welt *auch* eine Rettungsaktion. Ein Weg, um zu überleben. Auschwitz rechtfertigte den Zionismus im Nachhinein, die Shoah bestätigte die Zionisten in dem, was sie schon Ende des 19. Jahrhunderts begriffen hatten. Dass Europa ein mörderischer Kontinent für Juden ist.

Natürlich gibt es noch immer Gegner Israels, die behaupten, die Juden seien keine Nation, nicht einmal ein Volk, sondern lediglich eine Glaubensgemeinschaft, eine Religion. Das ist mindestens ebenso ignorant wie die Behauptung »so etwas wie ein palästinensisches Volk gibt es nicht«. Das sagte 1970 die damalige israelische Premierministerin Golda Meir. Bis heute existieren in der israelischen extremen Rechten Stimmen, die das genauso sehen. Doch wer hat das Recht, einem Volk seine Selbstdefinition abzustreiten?

Wenn also die Entstehungsgeschichte Israels nicht den klassischen Definitionen des Kolonialismus entspricht, gilt das bis heute? Im selben Zeitraum, in dem ich den 2013 verstorbenen Yoram Kaniuk getroffen hatte, saß ich eines Tages mit Avishai Margalit, einem renommierten Professor für Philosophie im Van Leer Jerusalem Institute, auf einen Kaffee zusammen. Schon damals brachte es der bekannte Befürworter der israelischen »Peace Now«-Bewegung auf den Punkt: Die Besiedlung Palästinas zum Zwecke der Staatsgründung sei eine gerechte Sache gewesen, eine *just cause*. Doch die Besiedlung der besetzten Gebiete, das sei etwas anderes, sagte Margalit, denn es gebe bereits den Staat Israel, es gebe das Staatsgebiet, selbst wenn die Grenze noch nicht international anerkannt sei (und bis heute nicht ist. Die sogenannte Grüne Linie sind die Waffenstillstandslinien von 1949). Das Gebiet, das man sich gegen internationales Recht einverleibe, sei nicht mehr notwendig, wie er damals sagte.

So wie Margalit dachten und denken fast alle großen Figuren der israelischen Protestbewegung. Der inzwischen verstorbene Schriftsteller Amos Oz dachte so, ebenso der Autor David Grossman und viele andere. Dabei ist ihnen natürlich ein wichtiger Punkt bewusst, der Ausdruck der tiefen Widersprüchlichkeit und Ambivalenz des Zionismus ist: Als säkulare Bewegung begonnen, ist der Zionismus dennoch eine Ideologie, die das religiöse Element von Anfang an in sich getragen hat, allein dadurch, dass das jüdische Volk nach Zion zurückkehrte, in das Land, das Gott ihm »verheißen« hatte. Der Staat Israel ist, wie schon beschrieben, eben nicht einfach ein Staat, in dem das Leben zwar nach dem jüdischen Kalender geregelt ist und in dem sehr viele fromme Juden leben, der aber letztlich sehr irdisch und bislang auch säkular-demokratisch war. Der Staat ist gleichzeitig eine metaphysische Entität, die die Ankunft des Messias vorbereitet, wie Raw Kook dies interpretiert hatte. Israel ist ganz real und transzendiert dennoch. Der Staat sollte ein »Or leGoyim« sein, ein »Licht für die Welt«, ein Begriff des Propheten Yeshayahu, den bereits Ben Gurion auf den Staat Israel ummünzte.

Aber zugleich ist Israel Ausdruck des Partikularismus-Gedankens im Judentum. Die Definition des Jüdischen ist ohne Partikularismus nicht denkbar. Das Anderssein ist eine Voraussetzung, die dem Jüdischen innewohnt. Es ist eine Sache, wenn die nichtjüdische Welt Juden immer als »fremd« betrachtet und dafür verfolgt und vergast hat. Eine andere ist es, wenn Juden sich selbst als anders sehen wollen, weil sie dies als Grundlage ihrer Identität betrachten. Gleichzeitig gibt es im Jüdischen natürlich auch den Gedanken des Universalismus. Die noachidischen Gebote zeugen davon, aber auch die kabbalistische Vorstellung von »Tikkun Olam«, der »Heilung der Welt«. Dahinter steckt die Idee, dass die Welt bei ihrer Erschaffung beschädigt wurde, weil das Gefäß der Welt, in das Gott seinen göttlichen Atem hineingehaucht hat, zu zerbrechlich war, um den göttlichen Geist aufzunehmen. Das Gefäß zerbarst in tausend Stücke, in tausend Funken. Deshalb ist unsere Welt so unvollkommen. Seitdem ist es die Aufgabe jedes einzelnen Juden, die göttlichen Funken wieder einzusammeln durch die Mitzvot, die Einhaltung der 613 Ge- und Verbote im Judentum, um so die Welt zu heilen. Das säkulare Judentum hat sich ebenfalls der Idee des »Tikkun Olam« verschrieben, wenngleich natürlich in einer verweltlichten Form. Dazu gehören Philanthropie, aber mehr noch, der aktive Einsatz für die Menschenrechte und für verfolgte Minderheiten, wie das heute besonders deutlich im US-Judentum zu sehen ist. Es waren insbesondere jüdische Weiße, die beispielsweise Seite an Seite mit Martin Luther King für die Bürgerrechte der Schwarzen gekämpft haben. Doch auch im Europa nach der Shoah findet man diesen Einsatz immer wieder. So hatte etwa die jüdische Hilfsorganisation »La Benevolencija« im belagerten Sarajevo in den 1990er-Jahren allen Bürgern mit Nahrungsmitteln, Medikamenten, kulturellen Veranstaltungen und anderem durch den Krieg geholfen.

Diese beiden Formen des Judentums finden sich auch im Staate Israel wieder. Auf der einen Seite die Universalisten, auf der anderen die Partikularisten, die Ersteren vorwerfen, nicht mehr wirklich jüdisch zu sein, da sie die Essenz des Judentums verrieten und es ihnen wichtiger sei, dass Israel eine Demokratie ist und nicht ein jüdischer Staat. Für die Extremsten unter den Partikularisten ist ein »jüdischer und demokratischer Staat« gar ein Widerspruch. Sie wollen die Absonderung total machen, sie träumen von der Wiederherstellung eines Staates, der nicht mehr nach menschlichen, sondern nach den göttlichen Gesetzen regiert wird. Einen halachischen Staat also.

Das Siedlungsprojekt im Westjordanland ist, wie schon gezeigt, ein Weg zu diesem Staat, zu einem anderen Israel, das nichts mehr mit dem zu tun hätte, was sich die meisten Juden, die nach Palästina kamen, vorstellten. Der Riss, der seit Jahrzehnten durch die israelische Gesellschaft geht und immer tiefer wird, ist ohne diese religiös aufgeladene Komponente nicht zu begreifen. Ein Kompromiss mit den Palästinensern ist da nicht mit inbegriffen, ganz abgesehen von der Frage, ob die Palästinenser in Gänze wirklich bereit wären, einen Staat Israel zu akzeptieren und mit ihm Seite an Seite in Frieden zu leben. Der Unterschied zwischen der Besiedlung des West-jordanlands und der Besiedlung Palästinas zu Beginn des 20. Jahrhundert ist unverkennbar. Letztere war ein realpolitischer Auftrag einer nationalen Befreiungsbewegung, wenn man so will. Nach 1967 kam ein »göttlicher Auftrag« hinzu. Realpolitische Besitzverhältnisse spielen im Denken der extremen Partikularisten keine Rolle, denn für sie ist klar, wem das Land gehört, ganz egal, was irgendwelche Dokumente aus der osmanischen, britischen oder jordanischen Zeit dazu sagen. Den Anspruch auf das gesamte Land hat die Koalitionsvereinbarung der sechsten Regierung von Premier Benjamin Netanyahu, die am 1. November 2022 gewählt wurde, schriftlich festgehalten, so heißt es da zum Beispiel: »Das jüdische Volk hat ein exklusives und unveräußerliches Recht auf alle Teile des Landes Israel«.

Es geht um alles, das hat selbst David Ben Gurion gewusst. Es geht um zwei Völker und ihr jeweiliges »totales Recht« auf alles. Es ist ein Alles-oder-Nichts, ein Kampf auf Leben und Tod im ganz realen, aber auch im metaphorischen Sinn. Möglicherweise wird die Frage, wem Palästina beziehungsweise Israel gehört, auf dem Schlachtfeld geklärt. Oder durch die normative Kraft des Faktischen. Oder durch ein Wunder. Der Konflikt um dieses kleine Stück Land ist noch lange nicht vorbei.

Dank

Dieses Buch entstand in der letzten Lebensphase meiner Mutter. Immer wieder fragte sie mich, ob ich vorankomme. Sie wollte immer wissen, ob es mir gutgeht bei der Arbeit. Ohne sie wäre dieses Buch letztendlich nicht entstanden. Ilona Schneider s. A. starb 98jährig am 6. März 2023, kurz vor der Drucklegung.

Dieses Buch ist in kürzester Zeit entstanden. Von der Idee bis zur Fertigstellung waren es gerade mal neun Monate. Unter diesem Zeitdruck war die Unterstützung von Kolleginnen und Kollegen sowie guten Freunden überaus wertvoll. Ihnen allen bin ich zu großem Dank verpflichtet.

Vorneweg danke ich Karen Guddas, die mich fragte, ob ich Lust auf dieses Buch hätte, und mir vertraute, dass ich dieses Projekt in der Kürze der Zeit realisieren kann. Dann danke ich von ganzem Herzen natürlich meiner lieben und gewissenhaften Lektorin Annette Anton, die mit mir nun schon das zweite Israel-Buch machte und mir über Wochen und Monate mit Rat und Tat beistand und in vielen Gesprächen auch immer wieder half, Knoten in meinem Hirn oder im Manuskript zu lösen. Mein Dank und meine Bewunderung gelten meiner

Lektorin Gisela Fichtl, die das Line-Editing mit großer Sorgfalt, einer wunderbaren Rücksichtnahme auf meinen Schreibstil und in einem unglaublichen Tempo durchführte.

Wie immer begleitete mich meine Agentin Lianne Kolf bei unserem nunmehr zehnten gemeinsamen Buchprojekt mit viel Witz und diesmal auch einem gewissen subtilen Druck, damit ich den Abgabetermin nur ja schaffe.

Prof. Hedwig Richter hatte mit mir bei einem wunderbaren Abendessen und ein paar Gläsern Rotwein die Struktur des Buches entwickelt. Und dass wir bei diesem ernsten Thema auch noch viel lachen konnten, war großartig und ein schöner Auftakt.

Dr. Kristina Meyer vom Willy-Brandt-Zentrum las einen Teil der ersten Manuskriptfassung und machte etliche Vorschläge, die ich sehr gern übernahm.

Ohne meine Freunde aber, die mich immer und jederzeit unterstützten, wäre dieses Buch mit Sicherheit nicht entstanden. Ihre Treue und Fürsorge waren in auch persönlich anstrengenden Zeiten eine große Hilfe. Mein tiefer Dank geht an Tina Hassel, Sabine Herting, Anna-Patricia Kahn, Eva Mattes, Alexandra Minzlaff, Barbara Nickel, Edo Nissenbaum, Rita Russek, Leyla Shirvani, Heidi Steinhaus und Özlem Topçu sowie viele andere, die ich hier nicht alle aufzählen kann.

Und dann sind da all die Autoren, die ich seit Jahren schätze und zum Teil auch persönlich kenne und deren Werke ich entweder nun das erste Mal oder aus diesem Anlass erneut las. Viele ihrer Gedanken, Meinungen und Einschätzungen sind hier mit eingeflossen. Sie haben mich in vielem überzeugt, da ich selbst seit Jahrzehnten aus dieser Region berichte und seit

18 Jahren dort lebe, so dass Theorie und Praxis, Geschichte und Tagesgeschehen, Analysen anderer und die Erfahrung aus der eigenen Arbeit *on the ground* dieses Buch in seiner vorliegenden Form gestaltet haben.

Ich danke daher mit großer Bewunderung für ihre Arbeit:

- David Baddiel: Jews Don't Count. New York 2021 (dt. Und die Juden? München 2021)
- Dan Diner: Ein anderer Krieg. Das jüdische Palästina und der Zweite Weltkrieg 1935–1942. München 2021
- Saul Friedländer, Norbert Frei, Sybille Steinbacher, Dan Diner: Ein Verbrechen ohne Namen. Anmerkungen zum neuen Streit über den Holocaust. München 2022
- Benny Morris: The Birth of the Palestinian Refugee Problem 1947–1949. Cambridge 1988
- Benny Morris: Righteous Victims. A History of the Zionist-Arab Conflict 1881–2001. New York 2001
- Yoav Peled: The Challenge of Ethnic Democracy. The State and Minority Groups in Israel, Poland and Northern Ireland. London 2013
- Simon Rabinovitch: Defining Israel. The Jewish State, Democracy, and the Law. Cincinnati 2018
- Tom Segev: Es war einmal ein Palästina. Juden und Araber vor der Staatsgründung Israels. München 2005
- Tom Segev: 1967. Israel, the War and the Year that transformed the Middle East. London 2008 (dt. 1967. Israels zweite Geburt. München 2009)

- Ari Shavit: My Promised Land. The Triumph and Tragedy of Israel. New York 2013 (dt. Mein Gelobtes Land. Triumph und Tragödie Israels. München 2015)
- Idith Zertal, Akiva Eldar: Lords of the Land. The War Over Israel's Settlements in the Occupied Territories 1967–2007. New York 2007 (dt. Die Herren des Landes. Israel und die Siedlerbewegung seit 1967. München 2007)